오늘부터 한 줄 영어

WE CAN DO IT!

GO—!!

-권나영 지음-

ECK
Books

오늘부터
한 줄 영어

초판인쇄	2022년 05월 05일
초 판 3 쇄	2023년 12월 01일

지 은 이	권나영
검 수 자	시드니정, James Branden Noland
펴 낸 이	임승빈
편 집 책 임	정유항, 김하진
편 집 진 행	이승연
디 자 인	다원기획
마 케 팅	염경용, 이동민, 이서빈

펴 낸 곳	ECK북스
주 소	서울시 마포구 창전로2길 27 [04098]
대 표 전 화	02-733-9950
홈 페 이 지	www.eckbooks.kr
이 메 일	eck@eckedu.com
등 록 번 호	제 2020-000303호
등 록 일 자	2000. 2. 15

I S B N	979-11-6877-015-7
정 가	15,000원

머리말

영어는 세계 공용어입니다. 어느 곳으로 여행을 가더라도 영어만 할 수 있다면, 기본적인 의사소통은 가능하기 때문에 영어 공부를 하는 것은 필수가 되었습니다. 필자가 처음 미국에 공부하러 갔을 때는 현지인에게 간단한 말 한마디 건네는 것조차 어려웠습니다. 그러나 영어 회화에는 상황에 따른 패턴이 있다는 것을 깨닫고 소리 내어 반복해서 연습한 결과, 어느 순간 일상적인 대화를 할 수 있게 되었습니다. 이러한 패턴은 높은 수준의 영어가 아닙니다. 우리가 온종일 쓰는 한국어 대화 표현들을 생각해 보면 일상생활에서는 굉장히 한정적인 표현들만 쓰고 있다는 것을 알 수 있습니다. 중학교 교과서에서 배우는 수준의 간단하고 한 줄로 된 표현만으로도 일상생활이나 여행에서 큰 무리 없이 의사소통이 가능합니다.

『오늘부터 한 줄 영어』는 영어의 기초가 필요한 학습자라면, 누구나 쉽고 재미있게 공부할 수 있도록 최대한 간단하면서 실용적인 표현들로만 구성했습니다. 문법 내용은 기초 학습에서 부담되는 학습 내용인 점을 고려하여 학습에 필요한 필수적인 요소들을 제외하고는 최소화했습니다. 영어를 한글로 일대일 대응하여 음차할 수는 없지만, 최대한 영어 발음과 유사하게 한글 발음을 표기하여 영어를 몰라도 따라 읽는 과정 속에서 자연스럽게 발음을 익힐 수 있도록 준비했습니다. 기초부터 자연스러운 발음으로 익숙해지기 위해 원어민 MP3 발음을 함께 들으며 학습하는 것을 추천합니다.

『오늘부터 한 줄 영어』를 집필하기까지 많은 분의 도움이 있었습니다. 특히, 이 책의 출판 기회를 주신 ECK교육 임승빈 대표님께 감사의 말씀을 전합니다. 아울러 늘 좋은 아이디어와 많은 조언을 주시며 더 나은 교재가 될 수 있도록 꼼꼼히 편집해 주신 이승연 실장님과 정유항 과장님, 김하진 매니저님께도 감사의 인사를 드립니다. 또한, 영어 교직의 롤 모델이 되어주신 성호만 선생님, Professor Denny, Chicago에서의 학업을 도와주신 이모 가족들, 바쁜 가운데로 틈틈이 표현 점검을 도와준 미국 Ohio의 승윤(Michael)과 Thomas, 집필 과정에서 아낌없는 응원과 격려를 해준 사랑하는 남편과 가족들에게 감사함을 표합니다.

저자 권나영

이 책의 구성과 특징

잠깐! 예비과

본 학습에 들어가기 전 기본적으로 알아야 할 영어의 알파벳 발음, 어순 등을 알아봅니다.

무조건 외우자!

영어의 인칭대명사와 숫자 및 날짜와 요일, 줄임 표현 등을 알아봅니다. 미리 외워두면 영어가 더 쉬워집니다.

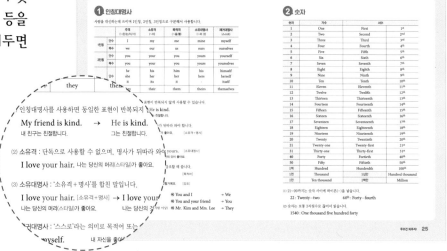

Part 1

MP3 녹음을 함께 들으며
원어민 발음을 익혀 봅니다.

주제와 관련된 다
양한 응용 표현들
을 익혀 봅니다.

각 주제별 핵심 표현
을 설명과 함께 알아
봅니다.

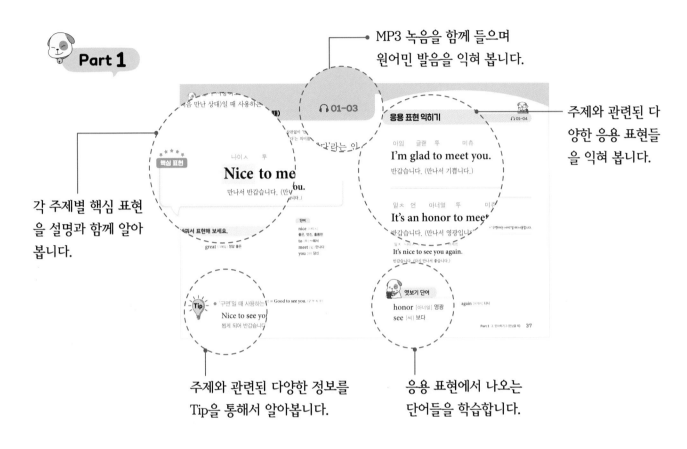

주제와 관련된 다양한 정보를
Tip을 통해서 알아봅니다.

응용 표현에서 나오는
단어들을 학습합니다.

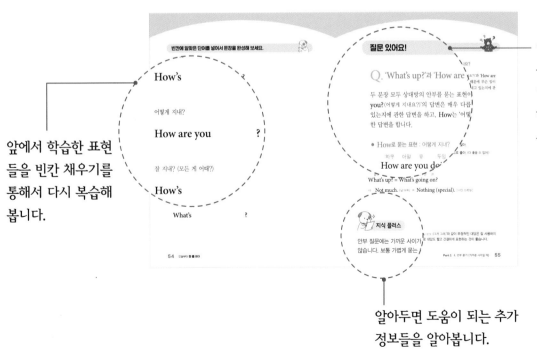

영어에 관한 다양한
궁금증을 풀어보고
일상생활에서 필요
한 여러 가지 정보
들을 알아봅니다.

앞에서 학습한 표현
들을 빈칸 채우기를
통해서 다시 복습해
봅니다.

알아두면 도움이 되는 추가
정보들을 알아봅니다.

Part 2

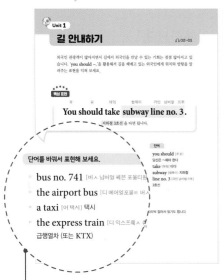

핵심 표현에서 대체 가능한 단어들을 대입시켜 다양한 표현을 익혀 봅니다.

학습한 문장에서 대체 가능한 단어들을 대입시켜 다양한 표현을 익혀 봅니다.

간단한 회화가 가능하도록 학습한 응용 표현으로 다양한 응답 표현을 알아봅니다.

미국의 문화를 이해할 수 있도록 한국과 다른 독특한 도로명 표지판과 팁 문화 그리고 미국 여행 시 알아두면 유용한 정보 등을 알아봅니다.

MP3 다운로드 방법

본 교재의 MP3 파일은 www.eckbooks.kr에서 무료로 다운로드 받을 수 있습니다.

QR 코드를 찍으면 다운로드 페이지로 이동합니다.

목 차

- 머리말 · 03

- 이 책의 구성과 특징 · 04

- 잠깐! 예비과 · 11

- 무조건 외우자! · 23

Part 1 필수 표현 익히기

Unit 1. **인사하기 1 (첫인사)** · 32

Unit 2. **인사하기 2 (만났을 때)** · 36

Unit 3. **인사하기 3 (헤어질 때)** · 40

Unit 4. **자기소개하기** · 44

Unit 5. **인사하기 4 (오랜만일 때)** · 48

Unit 6. **안부 묻기 (가까운 사이일 때)** · 52

Unit 7. **대화 시작하기** · 56

Unit 8. **맞장구치기, 추임새 넣기** · 60

Unit 9. **감사하기** · 64

Unit 10. **사과하기** · 68

Unit 11. **위로 및 격려하기** · 72

Unit 12. **축하하기** · 76

Unit 13. **몸 상태 표현하기** · 80

Unit 14. **감정 표현하기** · 84

Unit 15. **부탁하기** · 88

Unit 16. **제안하기** · 92

Unit 17. **약속하기** · 96

Unit 18. **계획 말하기** · 100

Unit 19. **취미 묻고 답하기** · 104

Unit 20. **좋아하는 것 말하기** · 108

Unit 21. **찬성 및 반대하기** · 112

Unit 22. **수락 및 거절하기** · 116

Unit 23. **경고하기** · 120

Unit 24. **비난 및 불평하기** · 124

Part 2 생활 표현 익히기

Unit 1. **길 안내하기** · 130

Unit 2. **길 찾기** · 134

U.S.A. 문화탐방 · 138

· 길 안내 표현
· 길에서 만나는 New Words

Unit 3. **버스 타기** · 140

Unit 4. **지하철 타기** · 144

U.S.A. 문화탐방 · 148

· 지하철노선 구분 표현
· 버스, 지하철에서 만나는 New Words

Unit 5. **택시 타기** · 150

Unit 6. **기차 타기** · 154

U.S.A. 문화탐방 · 158

· 이동 수단 이용 표현
· 기차에서 만나는 New Words

Unit 7. **공항 1 (체크인하기)** · 160

Unit 8. **공항 서비스 이용하기** · 164

Unit 9. **공항 2 (입국심사하기)** · 168

Unit 10. **공항 3 (짐 찾기, 세관 신고하기)** · 172

U.S.A. 문화탐방 · 176

· 세관신고서 쓰기
· 공항과 기내에서 만나는 New Words

Unit 11. **음식점 1 (예약하기)** · 178

Unit 12. **음식점 2 (주문하기)** · 182

Unit 13. **음식점 3 (요청하기)** · 186

Unit 14. **음식점 4 (계산하기)** · 190

U.S.A. 문화탐방 · 194

· 단위 명사
· 팁 문화

Unit 15. **패스트푸드점 이용하기** · 196

Unit 16. **카페 이용하기** · 200

U.S.A. 문화탐방 · 204

· 스테이크 주문하기

Unit 17. **호텔 체크인/아웃 하기** · 206

Unit 18. **호텔 이용하기** · 210

U.S.A. 문화탐방 · 214

· 호텔 서비스 이용하기

Unit 19. **관광지 1 (질문/요청하기)** · 216

Unit 20. **관광지 2 (티켓 구매하기)** · 220

U.S.A. 문화탐방 · 224

· 관광 할인 이용하기
· 관람 에티켓

Unit 21. **쇼핑하기** · 226

Unit 22. **교환 및 결제하기** · 230

U.S.A. 문화탐방 · 234

· 콩글리시 의류 표현
· 의류 사이즈 비교

Unit 23. **위급상황 표현하기** · 236

Unit 24. **병원 및 약국 이용하기** · 240

U.S.A. 문화탐방 · 244

· 위급상황 대처하기
· 약국, 병원에서 증상 설명하기

WE CAN DO IT!

1.   알파벳과 발음

2.   기본 어순

3.   대문자 사용

4.   호칭

5.   관사

잠깐!

예비과

GO—!!

1 알파벳과 발음

■ 알파벳

🎧 00-01

영어의 알파벳은 총 26개로 자음은 21개, 모음은 5개이며 대문자와 소문자로 쓸 수 있습니다.

알파벳	명칭	알파벳	명칭
A a	에이	N n	엔
B b	비	O o	오우
C c	씨	P p	피
D d	디	Q q	큐
E e	이	R r	알
F f	에프	S s	에쓰
G g	쥐	T t	티
H h	에이치	U u	유
I i	아이	V v	브이
J j	제이	W w	더블유
K k	케이	X x	엑쓰
L l	엘	Y y	와이
M m	엠	Z z	지

▨▨▨▨ : 자음
▨▨▨▨ : 모음

■ 발음

⑴ 모음(5자)

영어의 모음은 발음 시 단모음, 장모음, 이중모음으로 나뉩니다.

① **단모음** : 단어는 주로 「자음＋모음＋자음」 또는 「모음＋자음」 형태로 이루어 집니다. 🎧**00-02**

알파벳		발음
A a	애	한국어의 [ㅐ] 발음이 납니다. cat[캩] 고양이　　　　　　apple[애플] 사과
E e	에	한국어의 [ㅔ] 발음이 납니다. bed[벧] 침대　　　　　　leg[렉] 다리
I i	이	한국어의 [ㅣ] 발음이 납니다. sit[씯] 앉다　　　　　　kid[킫] 어린이
O o	아	한국어의 [ㅏ] 발음이 납니다. job[잡] 직업　　　　　　top[탚] 꼭대기, 최고
U u	어	한국어의 [ㅓ] 발음이 납니다. sun[썬] 태양　　　　　　cut[컽] 자르다

② **장모음** : 알파벳 이름 그대로 발음합니다. 「자음＋모음＋자음」 형태의 단어에 e가 붙으면 모음 e는 소리가 나지 않고 앞 모음이 장모음 소리가 납니다. 🎧**00-03**

알파벳		발음
A a	에이	한국어의 [ㅔ이] 발음이 납니다. cake[케익] 케이크　　　　　　lake[레익] 호수 ＊ 예외 발음으로 [ㅓ] 소리도 있습니다. 　appointment[어포인트먼ㅌ] 약속
E e	이	한국어의 [ㅣ] 발음이 납니다. he[히] 그　　　we[위] 우리　　　scene[씬] 장면
I i	아이	한국어의 [ㅏ이] 발음이 납니다. bike[바익] 자전거　　　　　　five[파입] 5, 다섯

O o	오우	한국어의 [ㅗ우] 발음이 납니다. nose [노우즈] 코 home [호움] 가정, 집 * 예외 발음으로 [ㅡ]와 [ㅏ]의 중간 소리, [ㅜ] 소리, [ㅗ]와 [ㅏ]의 중간 소리도 있습니다. tomorrow [투마로우] 내일 tonight [투나잍] 오늘 밤 do [두] 하다 on [온] ~에 대해
U u	유	한국어의 [ㅠ] 발음이 납니다. cute [큩] 귀여운 use [유ㅅ] 사용

③ 이중모음   🎧 00-04

알파벳		발음
ai	에이	한국어의 [ㅔ이] 발음이 납니다. rain [뤠인] 비 paint [페인ㅌ] 칠하다
ay	에이	한국어의 [ㅔ이] 발음이 납니다. day [데이] 날, 하루 say [쎄이] 말하다
oi	오이	한국어의 [ㅗ이] 발음이 납니다. coin [코인] 동전 noise [노이즈] 소음
oy	오이	한국어의 [ㅗ이] 발음이 납니다. toy [토이] 장난감 boy [보이] 소년
ee	이	한국어의 [ㅣ] 발음이 납니다. tree [츄뤼] 나무 meet [밑] 만나다
ea	이	한국어의 [ㅣ] 발음이 납니다. sea [씨] 바다 eat [읻] 먹다
ey	이	한국어의 [ㅣ] 발음이 납니다. key [키] 열쇠 money [머니] 돈
oa	오우	한국어의 [ㅗ우] 발음이 납니다. soap [쏘웊] 비누 boat [보웉] 작은 배
ow	오우	한국어의 [ㅗ우] 발음이 납니다. bowl [보울] 그릇 slow [슬로우] 느린

ou	아우	한국어의 [ㅏ우] 발음이 납니다. round [롸운드] 둥근	cloud [클라우드] 구름
ow	아우	한국어의 [ㅏ우] 발음이 납니다. down [다운] 아래로	cow [카우] 암소, 젖소
oo	우	한국어의 [ㅜ] 발음이 납니다. cook [쿡] 요리사, 요리하다	foot [풋] 발
	우:	한국어의 [ㅜ:] 발음이 납니다. moon [문] 달	room [룸] 방
ui	우	한국어의 [ㅜ] 발음이 납니다. juice [주씨] 주스	fruit [프룻] 과일
ue	우	한국어의 [ㅜ] 발음이 납니다. blue [블루] 파란색	glue [글루] 풀
au	오	한국어의 [ㅗ] 발음이 납니다. sauce [쏘씨] 양념	daughter [도러얼] 딸
aw	오	한국어의 [ㅗ] 발음이 납니다. draw [듀로우] 그리다	straw [스트로] 빨대
ew	우	한국어의 [ㅜ] 발음이 납니다. chew [추] 씹다	crew [크루] 승무원
	유	한국어의 [ㅠ] 발음이 납니다. new [뉴] 새로운	stew [스튜] 찌개
ar	아알	한국어의 [ㅏ알] 발음이 납니다. star [스타알] 별	park [파알ㅋ] 공원
or	오올	한국어의 [ㅗ올] 발음이 납니다. horse [호올씨] 말	fork [포올ㅋ] 포크
er	어얼	한국어의 [ㅓ얼] 발음이 납니다. paper [페이퍼얼] 종이	sister [씨스터얼] 여동생, 누나, 언니

알파벳		발음
ir	어얼	한국어의 [ㅓ얼] 발음이 납니다. girl [거얼] 소녀
		dirty [더얼리] 더러운
ur	어얼	한국어의 [ㅓ얼] 발음이 납니다. hurt [허얼트] 다치다
		nurse [너얼씨] 간호사

(2) 자음(21자)

🎧 00-05

알파벳		발음	
B b	ㅂ	한국어의 [ㅂ] 발음이 납니다. book [북] 책	bus [버ㅅ] 버스
C c	ㅋ	한국어의 [ㅋ] 발음이 납니다. cat [캩] 고양이	cow [카우] 젖소
D d	ㄷ	한국어의 [ㄷ] 발음이 납니다. duck [덕] 오리	desk [데스ㅋ] 책상
F f	ㅍ	한국어의 [ㅍ] 발음이 납니다. face [페이ㅅ] 얼굴	food [푿] 음식
G g	ㄱ	한국어의 [ㄱ] 발음이 납니다. gold [고울ㄷ] 금	goose [구씨] 거위
H h	ㅎ	한국어의 [ㅎ] 발음이 납니다. happy [해피] 행복한	house [하우ㅅ] 집
J j	ㅈ	한국어의 [ㅈ] 발음이 납니다. jam [잼] 잼	juice [주씨] 주스
K k	ㅋ	한국어의 [ㅋ] 발음이 납니다. king [킹] 왕	kind [카인ㄷ] 친절한
L l	ㄹ	한국어의 [ㄹ] 발음이 납니다. love [럽] 사랑, 사랑하다	long [롱] 긴

M m	ㅁ	한국어의 [ㅁ] 발음이 납니다. man [맨] 남자	movie [무비] 영화
N n	ㄴ	한국어의 [ㄴ] 발음이 납니다. name [네임] 이름	number [넘버얼] 숫자
P p	ㅍ	한국어의 [ㅍ] 발음이 납니다. piano [피애노우] 피아노	pants [팬츠] 바지
Q q	ㅋ	한국어의 [ㅋ] 발음이 납니다. queen [퀸] 여왕	quick [퀵] 빠른
R r	뤄	한국어의 [뤄] 발음이 납니다. ring [륑] 반지	rabbit [뤠빝] 토끼
S s	ㅅ	한국어의 [ㅅ] 또는 [ㅆ] 발음이 납니다. soup [숲] 수프	sun [썬] 태양
T t	ㅌ	한국어의 [ㅌ] 발음이 납니다. table [테이블] 탁자	tea [티] 차
V v	ㅂ	한국어의 [ㅂ] 발음이 납니다. vase [베이씨] 꽃병	vest [베스트] 조끼
W w	워	한국어의 [워] 발음이 납니다. wall [월] 벽, 담	woman [워먼] 여자
X x	ㅋㅆ	한국어의 [ㅋㅆ] 발음이 납니다. box [박씨] 상자	six [씩씨] 6, 여섯
Y y	이	한국어의 [이] 발음이 납니다. year [이어얼] 해, 년	young [영] 젊은
Z z	ㅈ	한국어의 [ㅈ] 발음이 납니다. zoo [주] 동물원	zero [지로우] 0, 영

알파벳		발음

자음 + l　을ㄹ

한국어의 [을ㄹ] 발음이 납니다.

black[블랙] 검은색　flower[플라월] 꽃　plant[플랜ㅌ] 식물
clock[클락] 시계　glass[글래씨] 유리잔　sleep[슬맆] 자다

자음 + r　뤄

한국어의 [뤄] 발음이 납니다.

bread[브뤠드] 빵　dream[드륌] 꿈　grandma[그뤤드마] 할머니
cross[크뤄씨] 건너다　friend[프뤤ㄷ] 친구　present[프뤠즌ㅌ] 선물
truck[츄뤅] 트럭

s + 자음　스

한국어의 [스] 발음이 납니다.

score[스코어얼] 점수, 득점하다　sky[스카이] 하늘
smile[스마일] 미소, 미소 짓다　snow[스노우] 눈
space[스페이씨] 우주, 공간　square[스퀘어얼] 정사각형
stamp[스탬ㅍ] 우표　swing[스윙] 그네, 흔들다

ch　취

한국어의 [취] 발음이 납니다.

teach[티취] 가르치다　cheese[취ㅈ] 치즈

sh　쉬

한국어의 [쉬] 발음이 납니다.

dish[디쉬] 접시　sheep[쉬잎] 양

tch　취

한국어의 [취] 발음이 납니다.

watch[왙취] 보다　catch[캐취] 잡다

ph　ㅍ

한국어의 [ㅍ] 발음이 납니다.

photo[포토] 사진　phone[폰] 전화

th　ㄸ

한국어의 [ㄸ] 또는 [ㅆ] 발음이 납니다.

thin[띤] 얇은　month[먼씨] 달, 월

th　ㄷ

한국어의 [ㄷ] 발음이 납니다.

this[디ㅅ] 이것　that[댇] 저것

wh　워

한국어의 [워] 발음이 납니다.

white[와잍] 흰색　wheel[윌] 바퀴

nd	은ㄷ	한국어의 [은ㄷ] 발음이 납니다. hand [핸드] 손	wind [윈드] 바람
nt	은ㅌ	한국어의 [은ㅌ] 발음이 납니다. point [포인트] 가리키다	student [스튜던트] 학생
ng	ㅇ	한국어의 [ㅇ] 발음이 납니다. sing [씽] 노래하다	wing [윙] 날개
nk	응ㅋ	한국어의 [응ㅋ] 발음이 납니다. bank [뱅ㅋ] 은행	drink [듀륑ㅋ] 마시다
kn	ㄴ	한국어의 [ㄴ] 발음이 납니다. knife [나잎] 칼	know [노우] 알다
lk	ㅋ	한국어의 [ㅋ] 발음이 납니다. walk [워ㅋ] 걷다	talk [토ㅋ] 말하다
mb	ㅁ	한국어의 [ㅁ] 발음이 납니다. climb [클라임] 오르다	comb [코움] 빗
wr	뤄	한국어의 [뤄] 발음이 납니다. write [라잍] 쓰다	wrap [뢮] 싸다, 포장하다
tr	츄ㄹ	한국어의 [츄ㄹ] 발음이 납니다. train [츄레인] 기차	truck [츄뤅] 트럭
dr	듀ㄹ	한국어의 [듀ㄹ] 발음이 납니다. dress [듀뤠씨] 드레스	dry [듀롸이] 말리다

② 기본 어순

영어 문장의 어순은 한국어와 다릅니다.

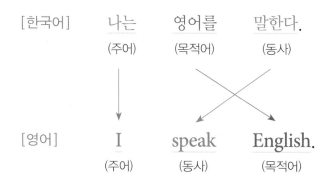

③ 대문자 사용

(1) 문장의 시작   :   She likes coffee.   I love this T-shirt.
(2) 자신을 뜻하는 I :   I like this.
(3) 고유한 이름   :   South Korea, Seoul, Korean

④ 호칭

영어에는 존댓말이 없지만 예의를 지키는 표현이 있습니다. 상대를 부를 때 이름 앞에 여성, 남성을 구분하여 예의를 갖춰서 붙이는 호칭이 있습니다.

　Mr. [미스터얼]   : 일반적인 남자의 성(姓) 앞에 붙여 사용
　Mrs. [미세스]   : 결혼한 여성의 성(姓) 앞에 붙여 사용
　Miss. [미스]   : 미혼 여성의 성(姓) 앞에 붙여 사용

Ms. [미즈] : 여성의 결혼 여부와 상관없이 여성의 성(姓) 앞에 붙여 사용

Sir. [써얼] : 존경을 표시해야 할 남자에게 사용

Madam [매듬] 또는 Ma'am [맴] : 존경을 표시해야 할 여자에게 사용

선생님의 경우는 teacher [티처얼]이라고 부르지 않고「Mr. + 성(姓)」또는「Ms. + 성(姓)」의 형태로 Mr.와 Ms.의 호칭을 사용하며, 예외적으로 대학교 교수님의 경우는「Dr. [닥터얼] + 성(姓)」또는「professor [프로페써얼] + 성(姓)」과 같이 Dr.과 professor의 호칭을 사용합니다.

5 관사

(1) a, an

a와 an은 '하나'를 의미하는 단어입니다. 자음으로 시작하는 단어인 경우에는 단어 앞에 a[어]를 붙이고, 모음으로 시작하는 단어는 단어 앞에 an[언]을 붙입니다.

a dog [어 독] 개 한 마리   **an apple** [언 애플] 사과 한 개

(2) the

the는 '그'라는 뜻을 가진 단어로 특정한 사물 앞에 붙는 단어입니다. [더]라고 발음하지만, 예외적으로 뒤에 나오는 단어가 모음(a, e, i, o, u) 또는 모음 발음이 오면 [디]라고 발음합니다. 또한 목적에 따라 뒤에 나오는 단어가 모음과 자음 관계없이 강조를 위해서 [디]라고 읽기도 합니다.

the kid [더 킫] 그 어린이

the other [디 아더얼] 그 다른 사람   **the use** [더 유ㅅ] 그 용도

the president [디/더 프레지던트] 그 대통령   **the hour** [디 아워얼] 그 시간

WE CAN DO IT!

1.   인칭대명사

2.   숫자

3.   날짜

4.   요일

5.   줄임 표현 미리 보기

무조건

외우자!

GO-!!

1 인칭대명사

사람을 대신하는데 쓰이며 1인칭, 2인칭, 3인칭으로 구분해서 사용합니다.

		주격 (~은/는/이/가)	소유격 (~의)	목적격 (~을/를)	소유대명사 (~의 것)	재귀대명사 (스스로)
1인칭	단수	I	my	me	mine	myself
	복수	we	our	us	ours	ourselves
2인칭	단수	you	your	you	yours	yourself
	복수	you	your	you	yours	yourselves
3인칭	단수	he she it	his her its	him her it	his hers -	himself herself itself
	복수	they	their	them	theirs	themselves

(1) 인칭대명사를 사용하면 동일한 표현이 반복되지 않게 사용할 수 있습니다.

My friend is kind. → **He is kind.**

내 친구는 친절합니다.　　　　그는 친절합니다.

(2) 소유격 : 단독으로 사용할 수 없으며, 명사가 뒤따라 와야 합니다.

I love your hair. 나는 당신의 머리(스타일)가 좋아요.　　[소유격＋명사]

(3) 소유대명사 : '소유격＋명사'를 합친 말입니다.

I love your hair. [소유격＋명사] → **I love yours.**　　[소유대명사]

나는 당신의 머리(스타일)가 좋아요.　　　나는 당신의 것이 좋아요.

(4) 재귀대명사 : '스스로'라는 의미로 목적어 또는 강조할 때 씁니다.

I like myself.　　　　내 자신을 좋아한다.　　　　[목적어]

I'll tell her myself.　　내가 그녀에게 직접 말할거예요.　　[강조]

(5) 복수 : We　(나를 포함한 두 사람 이상)　　예 You and I　　　　→ We

　　　　　You　(너를 포함한 두 사람 이상)　　예 You and your friend　→ You

　　　　　They　(나, 너를 포함하지 않은 두 사람 이상)　예 Mr. Kim and Mrs. Lee　→ They

❷ 숫자

숫자	기수	서수	
1	One	First	1st
2	Two	Second	2nd
3	Three	Third	3rd
4	Four	Fourth	4th
5	Five	Fifth	5th
6	Six	Sixth	6th
7	Seven	Seventh	7th
8	Eight	Eighth	8th
9	Nine	Ninth	9th
10	Ten	Tenth	10th
11	Eleven	Eleventh	11th
12	Twelve	Twelfth	12th
13	Thirteen	Thirteenth	13th
14	Fourteen	Fourteenth	14th
15	Fifteen	Fifteenth	15th
16	Sixteen	Sixteenth	16th
17	Seventeen	Seventeenth	17th
18	Eighteen	Eighteenth	18th
19	Nineteen	Nineteenth	19th
20	Twenty	Twentieth	20th
21	Twenty-one	Twenty-first	21st
31	Thirty-one	Thirty-first	31st
40	Forty	Fortieth	40th
50	Fifty	Fiftieth	50th
1백	Hundred	Hundredth	100th
1천	Thousand	1십만	Hundred thousand
1만	Ten thousand	1백만	Million

⑴ 21~99까지는 숫자 사이에 하이픈(−)을 넣습니다.

　　22 : Twenty—two　　　　　44th : Forty—fourth

⑵ 숫자는 보통 3자릿수로 끊어서 읽습니다.

　　1540 : One thousand five hundred forty

3 날짜

영어는 월(月)을 표기할 때 항상 첫 글자를 대문자로 씁니다.

_{왇츠 더 데일 투데이}
What's the date today? 오늘은 며칠입니까?

_{잍츠 메이 떠얼ㄷ}
→ **It's May third.** 5월 3일입니다.

월(달)	표기	발음	약자
1월	January	[재뉴어뤼]	Jan.
2월	February	[페브류어뤼]	Feb.
3월	March	[마알취]	Mar.
4월	April	[에이프릴]	Apr.
5월	May	[메이]	May.
6월	June	[쥰]	Jun.
7월	July	[줄라이]	Jul.
8월	August	[어거슽]	Aug.
9월	September	[셉템버얼]	Sep.
10월	October	[악토버얼]	Oct.
11월	November	[노벰버얼]	Nov.
12월	December	[디셈버얼]	Dec.

⑴ 연도는 보통 2자릿수로 끊어서 읽습니다.

    1963 : Nineteen sixty three   2022 : Twenty twenty-two

⑵ 날짜는 「월-일-연도」 순으로 읽으며, 연도 앞에는 쉼표(,)로 구분해 줍니다.
    슬러시(/)를 넣어서 표기하기도 합니다.

    쓰기 : May 3, 2022 또는 05/03/2022

    말하기 : May third, twenty twenty-two _[메이 떠얼ㄷ 트웬티 트웬티 투]

4 요일

'월(月)'과 마찬가지로, 첫 글자는 항상 대문자로 씁니다.

왙 데이 이ㅈ 잍 투데이
What day is it today?
오늘은 무슨 요일입니까?

잍ㅊ 튜스데이
→ It's Tuesday.
화요일입니다.

요일	표기	발음	약자
월요일	Monday	[먼데이]	Mon.
화요일	Tuesday	[튜스데이]	Tue.
수요일	Wednesday	[웬스데이]	Wed.
목요일	Thursday	[떠얼스데이]	Thr.
금요일	Friday	[프라이데이]	Fri.
토요일	Saturday	[새터얼데이]	Sat.
일요일	Sunday	[썬데이]	Sun.

⑤ 줄임 표현 미리 보기

I am을 I'm과 같이 줄여서 표현하는 경우는 매우 많습니다. 본문에서 나오는 줄임 표현들을 미리 익혀 보세요.

영어	줄임 표현	뜻
I am [아이 엠]	I'm [아임]	나는 ~입니다
You are [유 아알]	You're [유어얼]	당신은 ~입니다
It has been [잍 해ㅅ 빈]	It's been [잍ㅊ 빈]	(과거에 시작하여 현재) ~이다
How is [하우 이즈]	How's [하우ㅅ]	~은 어때요?
It is [잍 이즈]	It's [잍ㅊ]	그것은 ~입니다 ~입니다 (It에 뜻이 없는 경우 : 시간, 날씨 등을 말할 때 사용)
That is [댙 이즈]	That's [댙ㅊ]	그것은 ~입니다
I would [아이 욷]	I'd [아읻]	나는 ~했으면 좋겠다 ~일 것이다
What is [왙 이즈]	What's [왙ㅊ]	~은 무엇입니까?
I will [아 윌]	I'll [아일]	나는 ~할 것이다
I would like [아이 욷 라잌]	I'd like [아읻 라잌]	나는 ~하고 싶다
I would love [아이 욷 럽]	I'd love [아읻 럽]	나는 ~하고 싶다
Let us [렡 어ㅅ]	Let's [렡ㅊ]	우리 ~하자
I have [아이 햅]	I've [아입]	나는 방금 ~했다 　　　(완료) 나는 ~했다 　　　　(결과) 나는 ~해 본 적이 있다 　(경험) 나는 계속 ~해왔다 　　(계속)
Are not [아알 낱]	Aren't [아알은(ㅌ)]*	~이 아니다
Is not [이즈 낱]	Isn't [이즌(ㅌ)]*	~이 아니다

영어	줄임 표현	뜻	
Have not [해ㅂ 낱]	Haven't [해븐(ㅌ)]*	방금 ~했다	(완료)
		~했다	(결과)
		~해 본 적이 있다	(경험)
		계속 ~해왔다	(계속)
Has not [해ㅈ 낱]	Hasn't [해즌(ㅌ)]*	방금 ~했다	(완료)
		~했다	(결과)
		~해 본 적이 있다	(경험)
		계속 ~해왔다	(계속)
Will not [윌 낱]	Won't [원(ㅌ)]*	~하지 않을 것이다	
Do not [두 낱]	Don't [돈(ㅌ)]*	~하지 않다	
Did not [딛 낱]	Didn't [디든(ㅌ)]*	~하지 않았다	
Does not [더ㅈ 낱]	Doesn't [더즌(ㅌ)]*	~하지 않다	
Would not [우ㄷ 낱]	Wouldn't [우든(ㅌ)]*	~이 아닐 수도 있다	
Can not [캔 낱]	Can't [캔(ㅌ)]*	~할 수 없다	
Could not [쿠ㄷ 낱]	Couldn't [쿠든(ㅌ)]*	~할 수 없었다	
		~일 리 없다	
Should not [슈ㄷ 낱]	Shouldn't [슈든(ㅌ)]*	~해서는 안 된다	

* 미국식 영어에서 nt로 끝나는 단어는 t를 거의 발음하지 않는 경향이 있기 때문에 마지막 발음 [ㅌ]를 괄호 안에 넣어서 (ㅌ)와 같이 표기했습니다.

WE CAN DO IT!

Unit 1. 인사하기 1 (첫인사)

Unit 2. 인사하기 2 (만났을 때)

Unit 3. 인사하기 3 (헤어질 때)

Unit 4. 자기소개하기

Unit 5. 인사하기 4 (오랜만일 때)

Unit 6. 안부 묻기 (가까운 사이일 때)

Unit 7. 대화 시작하기

Unit 8. 맞장구치기, 추임새 넣기

Unit 9. 감사하기

Unit 10. 사과하기

Unit 11. 위로 및 격려하기

Unit 12. 축하하기

Unit 13. 몸 상태 표현하기

Unit 14. 감정 표현하기

Unit 15. 부탁하기

Unit 16. 제안하기

Unit 17. 약속하기

Unit 18. 계획 말하기

Unit 19. 취미 묻고 답하기

Unit 20. 좋아하는 것 말하기

Unit 21. 찬성 및 반대하기

Unit 22. 수락 및 거절하기

Unit 23. 경고하기

Unit 24. 비난 및 불평하기

Part

1

필수 표현
익히기

인사하기 1 (첫인사)

🎧 01-01

'안녕하세요'라는 인사 표현은 나라마다 약간의 문화적 차이가 있습니다. 예를 들어, 모르는 사람에게 인사를 하지 않는 우리나라와 다르게, 영어권 나라에서는 모르는 사람과 눈이 마주쳤을 경우에 Hi, Hello 등과 같이 가벼운 인사를 건네는 것이 일반적입니다.

핵심 표현

헬로　　　　하이

Hello. = Hi.

안녕(안녕하세요).

Hello!

Hi!

Tip　● Hi = Hello : 안녕, 안녕하세요

예전 교과서 또는 일부 영어 학습서에 Hi는 '안녕', Hello는 '안녕하세요'로 번역되어 있는 경우가 있어서 Hi와 Hello의 뜻을 구분해서 사용하는 분들이 종종 있습니다. 영어는 격식적인 표현과 비격식적인 표현은 있지만, 한국어처럼 반말과 존댓말이 따로 있지는 않습니다. 그러므로 Hi나 Hello 모두 '안녕', '안녕하세요'라는 의미로 사용할 수 있습니다.

헤이

Hey!

안녕!

※ 친한 친구 또는 가까운 사이에서 쓰는 비격식적 표현입니다. 종업원 또는 모르는 사람에게 쓸 경우, 무례하게 느껴질 수 있으므로 사용에 주의하세요.

굳 　 모올닝

Good morning.

아침 인사 : 안녕하세요. (좋은 아침입니다.)

굳 　 애프터얼눈

Good afternoon.

오후 인사 : 안녕하세요. (좋은 오후입니다.)

굳 　 이브닝

Good evening.

저녁 인사 : 안녕하세요. (좋은 저녁입니다.)

※ Good night! [굳 나잍] : 잘 자요!
　☞ '자기 전' 또는 '밤에 헤어질 때' 하는 표현입니다.

 **엿보기 단어**

good [굳] 좋은
morning [모올닝] 아침

afternoon [애프터얼눈] 오후
evening [이브닝] 저녁

안녕(안녕하세요).

H   . = H   .

안녕!

H   !

아침 인사 : 안녕하세요. (좋은 아침입니다.)

Good   .

오후 인사 : 안녕하세요. (좋은 오후입니다.)

Good   .

저녁 인사 : 안녕하세요. (좋은 저녁입니다.)

Good   .

Q. 'How are you?'를 처음 만나는 사람에게도 하나요?

'How are you?'는 '어떻게 지내요?'라는 뜻이지만, 현지에서는 처음 만나는 사람과 가볍게 인사하고 지나갈 수 있는 Hi, Hello와 같은 의미로도 많이 사용합니다. 이외에 같은 의미적 형태로 'How's it going?'이라는 표현도 있습니다.

하우 아알 유
A : **How are you?**

어떻게 지내요? (= 안녕하세요?)

굿　　　　하우 아알 유
B : **Good. How are you?**

좋아요. 어떻게 지내요? (= 안녕하세요?)

> How are you는 일과 중, 다시 인사할 때도 씁니다. 그럴 땐 '어때요?', '오늘 하루는 잘 가고 있나요?'와 같이 안부를 묻는 의미로 씁니다.

하이　　하우ㅅ 잍 고우잉
A : **Hi, How's it going?**　　　　　어떻게 지내요? (= 안녕하세요?)

굿　　　　하우 아알 유
B : **Good. How are you?**　　　　　좋아요. 어떻게 지내요? (= 안녕하세요?)

굿
A : **Good.**　　　　　　　　　　　좋아요.

인사하기 2 (만났을 때)

🎧 01-03

'Nice to meet you.'는 일반적으로 초면과 구면에 상관없이 '만나서 반갑다'라는 인사 표현으로 많이 사용하고 있지만, '처음 만나서 반갑다'는 의미를 가지고 있으므로 초면(처음 만난 상대)일 때 사용하는 것이 올바릅니다.

핵심 표현

나이스   투   미츄

Nice to meet you.

만나서 반갑습니다. (만나서 좋습니다 .)

단어를 바꿔서 표현해 보세요.

- glad [글랲] 기쁜
- good [굳] 좋은
- great [그뤠잍] 정말 좋은

단어

nice [나이스]
좋은, 멋진, 훌륭한
to [투] ~해서
meet [밑] 만나다
you [유] 당신

Tip

● '구면'일 때 사용하는 인사 표현

Nice to see you. [나이스 투 씨 유] = Good to see you. [굳 투 씨 유]
뵙게 되어 반갑습니다.

응용 표현 익히기　　　　　　　　　🎧 01-04

아임　글랜　투　　미츄
I'm glad to meet you.

반갑습니다. (만나서 기쁩니다.)

잍츠 언　아너얼 투　　미츄
It's an honor to meet you.

반갑습니다. (만나서 영광입니다.)

굳　투 씨 유
Good to see you.

반갑습니다. (뵙게 되어 반갑습니다.)

※ '구면(아는 사이)'일 때 사용합니다.

잍츠 나이ㅅ 투 씨 유 어게인
It's nice to see you again.

반갑습니다. (다시 만나서 좋습니다.)

 엿보기 단어

honor [아너얼] 영광　　　　　　　　　　again [어게인] 다시
see [씨] 보다

만나서 반갑습니다. (만나서 좋습니다.)

_____ to meet you.

반갑습니다. (만나서 기쁩니다.)

I'm _____ to meet you.

반갑습니다. (만나서 영광입니다.)

It's _____ to meet you.

반갑습니다. (뵙게 되어 반갑습니다.)

_____ to see you.

반갑습니다. (다시 만나서 좋습니다.)

It's nice to _____ you again.

Q. 'Nice to meet you.'의 답변은 어떻게 하나요?

'만나서 반갑다'라는 인사 표현에는 '나도 당신과 같이 반갑다'라는 의미로 '나도 그렇다'라고 대답할 수 있습니다. 영어에서 '나도 그렇다'라는 뜻을 가진 표현은 'me too'와 'you too'가 있습니다. 그러나 이 두 표현은 뜻은 같지만 의미상의 차이가 있으므로 주의하여 사용해야 합니다. me too는 상대방의 상황이나 상태가 자신과 같을 때 사용하며, you too는 상대방을 향해 답변을 할 때 사용합니다.

● 상대방을 향한 답변을 할 때 : you too

나이스 투 미츄
A : **Nice to meet you.**   만나서 반가워요.

유 투
B : **You too.**   나도 그래요.

➡ me too로 대답할 경우, 생략된 문장을 포함하면 '(Nice to meet) me, too.'로 '나도 나를 만나서 반갑다.'라는 의미가 되기 때문에 you too를 사용하는 것이 올바른 표현입니다.

(Nice to meet) **you, too.** = **You too.** 나도 너를 만나서 반갑다.

● 상대방의 상황/상태가 자신과 같을 때 : me too

아임 헝그리
A : **I'm hungry.**   배고파.

미 투
B : **Me too.**   나도.

➡ A가 배고픈 상황이지만, B 또한 A와 같이 배가 고픈 상황이므로 me too를 사용하는 것이 올바른 표현입니다.

인사하기 3 (헤어질 때)

🎧 01-05

헤어질 때 하는 인사는 '잘 가요, 안녕히 가세요, 나중에 봐요, 또 봐요, 연락해' 등 다양한 표현이 있습니다. '안녕'이란 의미를 가진 **bye bye**[바이 바이], **good bye**[굿 바이] 이외에 헤어질 때 하는 다양한 상황별 표현들을 익혀 보세요.

핵심 표현

씨 유 쑨
See you soon.

곧 봐요.

단어를 바꿔서 표현해 보세요.

- **again** [어게인] 또, 다시
- **next time** [넥스트 타임] 다음에
- **in the morning** [인 더 모올닝] 아침에
- **on Monday** [온 먼데이] 월요일에
  ↳ o의 예외 발음

단어

soon [쑨] 곧

Tip

● **See you around.** [씨 유 어롸운드]
'지나가다 봅시다, 오다가다 봅시다, 주변에서 보자'라는 의미의 인사 표현입니다. 같은 동네 주민이나 회사 동료끼리 쓸 수 있는 표현으로 자주 보는 친한 사이에서는 어색한 표현이 될 수 있으므로 사용에 주의하세요.

해버　나이ㅅ　데이

Have a nice day.

좋은 하루 보내세요.

＊ Have a good one. [해버 군 원]
좋은 하루(시간) 보내, 잘 가
☞ 친한 사이에서 쓰는 비격식적 표현입니다.

테익　케어얼

Take care.

잘 지내요.

t는 모음과 모음 사이에 올 때,
[ㅌ]발음 대신 [ㄹ]에 가까운 발
음이 납니다.

캐취　　유　레이러얼

Catch you later.

나중에 봐요.

＊ 줄임 표현 : Later! [레이러얼] 나중에 (봐)!
☞ 친한 사이에서 쓰는 비격식적 표현입니다.

킾　　인　터취

Keep in touch.

연락해요.

엿보기 단어

a nice day [어 나이ㅅ 데이] 좋은 하루

care [케어얼] 돌봄, 보살핌

later [레이러얼] 나중에, 후에

touch [터취] 접촉, 연락

곧 봐요.

See you .

좋은 하루 보내세요.

Have .

잘 지내요.

Take .

나중에 봐요.

Catch you .

연락해요.

Keep in .

질문 있어요!

Q. 헤어질 때 '수고하세요'는 어떻게 표현 하나요?

'수고하세요, 고생하세요'라는 표현은 우리나라의 관용적 표현이기 때문에 영어로는 쓰지 않는 표현입니다. 상황이나 장소에 따라서 헤어질 때 '수고하세요'와 같이 비슷한 뉘앙스로 쓰이는 영어 표현들을 익혀 보세요.

● 식당에서

땡큐　　해버　굳　원
Thank you. Have a good one.

감사합니다. 좋은 하루 보내세요.

● 친구나 동료에게

테익 잍 이지
Take it easy.

무리하지 마.

테익 케어얼
Take care.

잘 지내.

해버　굳　원　씨　유　투마로우
Have a good one. See you tomorrow.

좋은 하루(시간) 보내. 내일 봐.

● 격려할 때

킾 엎 더 굳 워얼크
Keep up the good work.

잘하고 있어.

(계속해서 수고해 주세요.)

자기소개하기

🎧 01-07

자기소개를 할 때, 교과서에서 많이 다루는 'Let me introduce myself.[렡 미 인트로듀ㅅ 마이셀ㅍ](저를 소개하겠습니다.)'라는 표현은 실제 일상생활에서는 자주 사용하지 않습니다. 'I am ~'을 활용해서 자신의 이름을 넣어 소개해 보세요.

핵심 표현

아임   지수

I'm Ji-soo.

나는 지수 입니다.

자신의 이름을 빈칸에 넣어서 연습해 보세요.

단어

I am [아이 엠] = I'm [아임]
나는 ~입니다

마이　네임　이즈　지수

My name is Ji-soo.

나의 이름은 지수입니다.

아임　지수　리

I'm Ji-soo Lee.

나는 이지수입니다.

※ 영어로 이름을 말할 때는 '성(姓)'을 이름 뒤에 붙입니다.

아임 어 셰프

I'm a chef.

나는 요리사입니다.

아이 립 인　서울

I live in Seoul.

나는 서울에 삽니다.

 **엿보기 단어**

name [네임] 이름

chef [셰프] 요리사

live in [립 인] ~에 살다

나는 ○○입니다.

↗ 자신의 이름을 넣어 보세요.

I'm   **.**

나의 이름은 ○○입니다.

↗ 자신의 이름을 넣어 보세요.

My name is   **.**

나는 ○○○입니다.

↗ 자신의 이름을 성(姓)까지 넣어 보세요.

I'm   **.**

나는 요리사입니다.

I'm a   **.**

나는 서울에 삽니다.

I   **Seoul.**

질문 있어요!

Q. 직업을 묻는 경우, 어떻게 소개하면 좋을까요?

직업을 물을 때 흔히 사용하는 'What's your job? [왙츠 유어얼 잡] (당신의 직업은 무엇인가요?)'
은 너무 직접적인 표현으로 상대방이 불쾌하게 받아들일 수 있기 때문에 자주 사용하지 않습니다. 외국인에게 신상에 관한 질문은 자칫 실례가 될 수 있으므로 조금 더 공손한 표현을 사용하는 것이 좋습니다.

질문

왙 두 유 두 포올 어 리빙
What do you do for a living?

↳ o의 예외 발음

무슨 일하세요?

답변

① 직업이 있는 경우

아이 엠
I am ____(직업)____ .

나는 ○○이에요.

아이 워얼ㅋ 포올
I work for ____(직장 이름)____ .

나는 ○○에서 일해요.

② 퇴직한 경우

아임 뤼타이어얼ㄷ 나우
I'm retired now.

나는 퇴직했어요.

아이 워즈
I was ____(직업)____ .

나는 ○○이었어요.

아이 워얼크ㅌ 포올
I worked for ____(직장 이름)____ .

나는 ○○에서 일했어요.

인사하기 4 (오랜만일 때)

🎧 01-09

'It(그것)'은 시간, 거리, 요일, 날씨 등을 표현할 때 문장 앞에 쓰이지만, 문장 내에서 특별한 의미를 가지지는 않습니다. It과 같이 쓰이는 **has been**은 '(과거에 시작하여 현재) ~이다'라는 뜻으로 「It has been+만나지 못한 기간」 구조로 표현할 경우, '오랜만이야'라는 의미로 이해할 수 있습니다.

★★★★

핵심 표현

잍츠   빈   어   롱   타임
It's been a long time.

오랜만 이에요.

모두 '오랜만이에요'라는 의미로 해석할 수 있습니다.

▫ **ages** [에이쥐ㅅ] 한참

▫ **forever** [포레버얼] 아주 오랜 시간

▫ **so long** [쏘 롱] 매우 긴

단어

It has been [잍 해ㅈ 빈]
= **It's been** [잍ㅊ 빈]
(과거에 시작하여 현재) ~이다
a [어] 하나, 한
long [롱] 긴
time [타임] 시간

Tip

● 'It's been a long time.'의 활용

어떤 일을 오랜만에 할 때도 이 표현을 사용합니다. 오랜만에 영어 공부를 하거나 음식을 먹을 때 '오랜만에 (공부)하는 거야.', '오랜만에 먹네.'라는 의미로도 사용합니다.

롱 타임 노 씨

Long time no see.

오랜만이에요.

* 가장 전형적인 표현이지만,
일상에서는 자주 쓰지 않습니다.

아이 해븐(ㅌ) 씬 유 포올 어 와일

I haven't seen you for a while.

오랜만이에요. (한동안 당신을 못 봤어요.)

* 상황에 따라서 '보고 싶다'라는
의미로 전달되기도 합니다.

웨어얼 해뷰 빈

Where have you been?

(그동안) 어디 있었어요?

유 룩 더 쎄임

You look the same.

하나도 안 변했어요. (당신 똑같네요.)

look은 기본적으로 '보다'라는
뜻이지만, 외모를 말하는 경우
'~처럼 보이다'라는 뜻으로 쓰
입니다.

 엿보기 단어

long time [롱 타임] 오랜 시간
a while [어 와일] 한동안, 잠깐 동안

where [웨어얼] 어디
look [룩] ~처럼 보이다

오랜만이에요.

It's been   .

오랜만이에요.

            no see.

오랜만이에요. (한동안 당신을 못 봤어요.)

I haven't seen you for   .

(그동안) 어디 있었어요?

       have you been?

하나도 안 변했어요. (당신 똑같네요.)

You   **the same.**

Q. 길에서 우연히 만난 경우에는 어떻게 표현할까요?

길이나 전혀 예상하지 못한 장소에서 우연히 만난 경우라면 놀란 느낌을 강조하는 강한 표현을 사용하는 것이 오히려 자연스럽게 느껴질 수 있습니다. 다양한 표현들을 익혀 보세요.

왓 어 스몰 워얼드
What a small world!   세상 정말 좁다!

왓 어 써얼프라이즈
What a surprise!   놀랍다!

왓 브륑ㅅ 유 히어얼
What brings you here!   여기는 어쩐 일이야!

(직역 : 무엇이 너를 여기로 데려왔어!)

응용하기

안츄 지수
A : **Aren't you Ji-soo?**

너 지수 아니니?

세민 왓 어 스몰 워얼드
B : **Se-min? What a small world!**

세민이니? 세상 정말 좁다!

안부 묻기 (가까운 사이일 때)

🎧 01-11

친한 사이에서는 'How is ~?'를 사용해서 상대의 안부를 물을 수 있습니다. 핵심 표현에 나오는 'it going?'은 그것이 어떻게 진행되고 있는지를 묻는 표현으로, 'How is it going?'을 단순히 직역하면 '그것은 어떻게 되어가고 있니?'가 되지만, 관용적 의미로 '어떻게 지내?'라고 해석할 수 있습니다.

핵심 표현

하우ㅅ   잍   고우잉
How's it going?

어떻게 지내?

단어를 바꿔서 표현해 보세요.

▫ **your day** [유어얼 데이] 당신의 하루

▫ **your study** [유어얼 스터디] 당신의 공부

▫ **work** [워얼ㅋ] 일

▫ **life** [라잎] 삶, 생활

단어

How is [하우 이즈]
= **How's** [하우ㅅ]
~은 어때요?
how [하우] 어떻게
is [이즈] ~이다

Tip

● -ing : 현재진행형

going은 go(가다)의 현재진행형입니다. 동사 뒤에 -ing를 붙이면 동사가 진행중임을 나타내는 의미가 되므로, 일이 어떻게 진행되고 있는지를 나타냅니다.

go (가다) ➡ going (가고 있는 중)   do (하다) ➡ doing (하고 있는 중)

하우 아알 유 두잉
How are you doing?

어떻게 지내?

※ = How's it going?

하우ㅅ 에브뤼띵
How's everything?

잘 지내? (모든 게 어때?)

하우 해뷰 빈
How have you been?

(그동안) 어떻게 지냈어?

※ 오랜만에 만났을 때

왙츠 고우잉 온
What's going on?

무슨 일 있나요?

 **엿보기 단어**

doing [두잉] 하고 있는 중 (do의 현재진행형)
do [두] (어떤 동작/행위를) 하다

everything [에브뤼띵] 모든 것
going on [고우잉 온] (일이) 일어나고 있는

어떻게 지내?

How's   **?**

어떻게 지내?

How are you   **?**

잘 지내? (모든 게 어때?)

How's   **?**

(그동안) 어떻게 지냈어?

       have you been?

무슨 일 있나요?

What's   **?**

질문 있어요!

Q. 'What's up?'과 'How are you?'의 답변은 어떻게 하나요?

두 문장 모두 상대방의 안부를 묻는 표현이지만, 'What's up?(무슨일 있어요?)'과 'How are you?(어떻게 지내요?)'의 답변은 매우 다릅니다. What은 '무엇'을 뜻하기 때문에 무슨 일이 있는지에 관한 답변을 하고, How는 '어떻게'라는 뜻이기 때문에 어떻게 지내고 있는지에 관한 답변을 합니다.

● How로 묻는 표현 : 어떻게 지내?

하우 아알 유   두잉   하우ㅅ 잍 고우잉
How are you doing? = How's it going?

➡ **Fine.** [파인]   좋아.

I'm good. [아임 굳]   난 좋아.

Not bad. [낱 밷]   나쁘지 않아.

Couldn't be better. [쿠든(ㅌ) 비 베러얼]   최고로 좋아. (더 좋을 수 없어.)

● What으로 묻는 표현 : 무슨일 있어?

왙ㅊ 엎   왙ㅊ 고우잉 온
What's up? = What's going on?

➡ **Not much.** [낱 머취] = **Nothing (special).** [나띵 스페셜]
별일 없어.

 **지식 플러스**

안부 질문에는 가까운 사이가 아닌 이상 'So-so.[쏘쏘](그저 그래.)'와 같이 부정적인 대답은 잘 사용하지 않습니다. 보통 가볍게 묻는 의례적인 질문이므로 대답도 짧고 간결하게 표현하는 것이 좋습니다.

대화 시작하기

🎧 01-13

처음 대화를 시작할 때 날씨, 간단한 칭찬, 장소에 관한 감상 등을 주제로 가볍게 대화를 시작할 수 있습니다. 핵심 표현에서 **nice day**의 뜻은 '좋은 날'이지만, 관용적 의미로 '날씨가 좋다'라고 해석할 수 있습니다.

핵심 표현

잍츠 어 나이스 데이 이즌(ㅌ) 잍

It's a nice day, isn't it?

날씨가 좋네요, 그렇지 않나요?

단어를 바꿔서 표현해 보세요.

▫ **It's cold.** [잍츠 콜ㄷ] 춥네요.

▫ **It's hot.** [잍츠 핱] 덥네요.

▫ **It's humid.** [잍츠 휴믿] 습하네요.

단어

It is [잍 이즈] = it's [잍츠]
~입니다
nice [나이스] 좋은
day [데이] 날

Tip ● 그렇지 않나요?
상대방의 동의를 구하거나 확인하는 의도를 물을 때, 문장 뒤에 위치합니다. 주의할 점은 앞 문장이 어떤 표현으로 시작했는지에 따라 뒤의 문장도 같이 달라집니다.
(일상생활에서는 줄임 표현을 많이 사용합니다.)

It is로 시작할 때 : is not it? (= isn't it? [이즌(ㅌ) 잍])

You are로 시작할 때 : are not you? (= aren't you? [아알은츄])

↳ aren't you의 발음은 [아알은(ㅌ) 유]에서 뒤에
'ㅌ'과 '유'가 연음으로 발음하여 [아알은츄]로 발음합니다.

일 이ㅈ　뷰리풀　웨더얼　이즌(ㅌ) 잍

It is beautiful weather, isn't it?

아름다운 날씨네요, 그렇지 않나요?

＊ 날씨를 표현 할 때, 'It is beautiful weather.'의
It is는 특별한 의미가 없어서 보통 생략합니다.

잍츠 라이클리 투　뤠인

It's likely to rain.

비가 올 것 같아요.

rain은 기본적으로 '비'라는 뜻이
지만, to 뒤에 나오는 경우 동사로
'비가 오다'라는 뜻으로 쓰입니다.

나이ㅅ　셔얼츠

Nice shirt!

셔츠 멋지네요!

아이 럽　유어얼　헤어얼

I love your hair!

당신 머리가 멋지네요!

'I love you ~'는 '나는 당신
의 ~을 사랑한다'라는 뜻이지만,
상대의 스타일 등을 칭찬할 때,
'I love ~'를 사용해서 '~가 멋
지다'라는 관용적 의미로도 자주
쓰입니다.

 엿보기 단어

beautiful [뷰리풀] 아름다운
weather [웨더얼] 날씨
be likely to [비 라이클리 투] ~할 것 같다

rain [뤠인] 비가 오다
shirt [셔얼츠] 셔츠
hair [헤어얼] 머리(털)

날씨가 좋네요, 그렇지 않나요?

, isn't it?

아름다운 날씨네요, 그렇지 않나요?

It is beautiful   , isn't it?

비가 올 것 같아요.

It's likely to   .

셔츠 멋지네요!

Nice   !

당신 머리가 멋지네요!

I love your   !

질문 있어요!

Q. 영어로 '동안이시네요'라고 칭찬해도 괜찮나요?

한국에 방문한 외국인을 당황시키는 것 중 하나가 외모에 대한 언급이 많다는 것입니다. 얼굴이 작거나 동안이거나 키가 큰 경우, 우리는 종종 칭찬의 의미로 얘기합니다. 그러나 외국인들은 외모를 '좋고 나쁘다'라는 관점으로 보지 않고 '다르다'라는 관점으로 바라보기 때문에 외모에 관해 칭찬하는 것은 매우 어색한 표현입니다.

> 미국에서는 증명사진도 붙이지 않아요~.

● 어색한 표현

유 룩 영
You look young!
너 어려 보인다! (X)

유 햅 베뤼 스몰 페이스
You have very small face!
너는 매우 작은 얼굴을 가졌구나! (X)

유 해버 와잍 페이스
You have a white face!
너는 하얀 얼굴을 가졌구나! (X)

● 올바른 표현

히 이ㅈ 에이징 웰
He is aging well.
그는 나이가 들수록 멋있어.

유 해븐(트) 에이쥐ㄷ 앹 올
You haven't aged at all.
당신은 나이가 하나도 안 들었어요. (전혀 안 변했어요.)

맞장구치기, 추임새 넣기 🎧 01-15

대화할 때 상대의 말에 맞장구치거나 추임새를 넣는 것은 대화 분위기를 더욱 좋게 만들어 줍니다. 이러한 리액션(reaction) 중 '정말이야?'라는 의미로 대표적인 표현이 'Are you serious?'입니다. 직역하면 '너 진지하니?'라는 어색한 뜻이 되지만, 그만큼 진지하게 묻는다는 의미로 '정말이야?'라고 해석할 수 있습니다.

 핵심 표현

아알 유 씨뤼어ㅅ

Are you serious?

(너/당신) 정말이야?

단어를 바꿔서 표현해 보세요.

▫ **sure** [슈어얼] 확신하는, 확실히 아는
▫ **for real** [포올 뤼얼] 진짜의

한 단어로 말해 보세요.

▫ **really?** [뤼얼리] 정말?
▫ **seriously?** [씨뤼어슬리] 정말이야?

단어

are [아알] ~이다
serious [씨뤼어ㅅ] 진지한

 Tip ● 너 내 말 듣고 있어?
친한 사이에서 상대방이 자신의 말을 잘 듣고 있는지 확인할 때 사용합니다.

Are you with me? [아알 유 윋 미] = **Are you following me?** [아알 유 팔로윙 미]

아이 노우　라잍
I know, right?

내 말이 그말이에요. (나도 알아요, 그렇죠?)

아이 띵ㅋ　쏘
I think so.

나도 그렇게 생각해요.

* ≠ I don't think so. [아이 돈(ㅌ) 띵ㅋ 쏘]
나는 그렇게 생각하지 않아.

덴　왙
Then what?

그래서요? (그래서 어떻게 됐어요?)

아이 겥　잍
I get it.

알겠어요. (이해해요.)

get은 기본적으로 '얻다'의 뜻
이지만, 대답할 때는 '이해하
다'라는 뜻으로 쓰입니다.

 엿보기 단어

know [노우] 알다
think [띵ㅋ] 생각하다

then [덴] 그러면, 그 다음에
get [겥] 이해하다

(너/당신) 정말이야?

Are you   ?

내 말이 그말이에요. (나도 알아요, 그렇죠?)

I   , right?

나도 그렇게 생각해요.

I   so.

그래서요? (그래서 어떻게 됐어요?)

**   what?**

알겠어요. (이해해요.)

I   it.

질문 있어요!

Q. 대화할 때 공백을 메울 수 있는 추임새가 있나요?

특별한 의미는 없지만 대화 사이에 공백을 채우면서 시간을 확보하는 추임새와 같은 표현들이 있습니다. 이런 표현들을 자연스럽게 구사한다면 유창해 보이는 효과도 덤으로 얻을 수 있습니다. 다만, 격식 있는 자리에서는 생각이 정리되지 않아 보일 수 있으므로 자주 사용하는 것은 자제하는 것이 좋습니다.

● you know = like : 있잖아

아이 워즈   유   노우   띵킹   어바웉   고우잉   투   시카고
I was, you know, thinking about going to Chicago.

나는, 있잖아, 시카고에 갈 생각이었어.

아이 워즈   라익   띵킹   어바웉   고우잉   투   시카고
= I was, like, thinking about going to Chicago.

● 그 외 표현

▫ **kinda** [카인더] = **kind of** [카인ㄷ 옵]   어느 정도

▫ **well …** [웰]   음 …, 그 …

▫ **I mean** [아이 민]   아니 내 말은   (정확하게 말하려고 할 때)

▫ **let me see …** [렡 미 씨]   그러니까 …   (생각할 때)

▫ **or something** [오올 썸띵]   또는 다른 것

감사하기

🎧 01-17

감사 표현으로 일상생활에서 가장 많이 사용하는 표현은 'Thank you.'입니다. 이외에 다양하고 구체적인 감사 표현들을 익혀 보세요.

핵심 표현

땡큐   포올   에브뤼띵

Thank you for everything.

모든 것 에 감사합니다.

단어를 바꿔서 표현해 보세요.

▫ **your help** [유어얼 헬프] 당신의 도움

▫ **the support** [더 써포올트] 응원

▫ **the present** [더 프뤠즌트] 선물

▫ **understanding** [언더얼스탠딩] 이해

단어

thank [땡ㅋ] 감사하다
for [포올] ~에 대해서, ~을 위해
everything [에브뤼띵]
모든 것, 전부

 단어를 문장에 대입해서 직역하면 어색해집니다.
자연스러운 의미로 해석해 보세요.

Thank you for **your help**.   : 도와주셔서 감사합니다.
Thank you for **the support**.   : 응원해 주셔서 감사합니다.
Thank you for **the present**.   : 선물 감사합니다.
Thank you for **understanding**. : 이해해 주셔서 감사합니다.

Tip ● Thanks!
줄임말을 많이 쓰는 문자 메시지 등에서는 Thanks [땡씨]를 'Thx.' 또는 'Thnx.'로 표현하기도 합니다. 하지만, 친한 사이에서만 사용하는 비격식적 표현이므로, 격식을 차리는 사이에서는 주의해서 사용하세요.

아이 어프뤼시에잍 잍
I appreciate it.
대단히 감사합니다.

※ it(그것)은 해석에서 보통 생략합니다.

아이 오우 유 원
I owe you one.
당신에게 신세 (한 번) 졌어요.

아이 캔(ㅌ) 땡큐 이너ㅍ
I can't thank you enough.
감사하다는 말이 모자랍니다.

※ can't의 [t] 발음은 거의 소리 나지 않습니다.

유 뤼얼리 슈든(ㅌ) 햅
You really shouldn't have.
(당신) 진짜 안 그래도 되는데요.

 엿보기 단어

---

appreciate [어프뤼시에잍] 고마워하다
owe [오우] 신세 지다
enough [이너ㅍ] 충분한

shouldn't [슈든(ㅌ)] = **should not** [슈ㄷ 낱]
~해서는 안 된다

모든 것에 감사합니다.

Thank you for   .

대단히 감사합니다.

I   it.

당신에게 신세 (한 번) 졌어요.

I   you one.

감사하다는 말이 모자랍니다.

I can't thank you   .

(당신) 진짜 안 그래도 되는데요.

You   shouldn't have.

Q. '감사합니다' 표현에 '아닙니다'라는 의미로 No라고 해도 되나요?

한국에서는 감사에 대한 대답으로 겸손하게 '아니에요'라는 말을 자주 합니다. 그러나 영어권에서 '감사합니다'라는 표현에 No를 단독으로 사용한다면, No가 '부정, 거부'의 뜻을 담고 있기 때문 매우 어색한 표현이 됩니다. 일상생활에서 자주 사용하는 표현을 익혀 보세요.

No ➡ No problem, No worries

노 프롸블럼
No problem.
문제없어요. (별것도 아닌데 뭘요.)

노 워뤼ㅅ
No worries.
괜찮아요.

 지식 플러스

● You're welcome! : 천만에요!
'천만에요'라는 뜻을 가진 'You're welcome.[유어얼 웰컴]'은 상대방의 큰 부탁을 들어준 느낌을 주기 때문에 자주 쓰지 않습니다. 오히려 일상생활에서는 가볍게 'My pleasure.[마이 플레져얼]'과 같이 '제 기쁨입니다'와 같은 표현을 더 많이 씁니다. Thank you.에 대한 자연스러운 대답으로 아래 표현을 사용해보세요.

(it's) My pleasure. [(잍츠) 마이 플레져얼]　　　 (오히려) 제가 기뻐요.

Don't mention it. [돈(트) 멘션 잍]　　　 고마워할 필요 없어요. (언급할 필요 없어요.)

Anytime! [애니타임]　　　 언제든지요!

Sure. [슈어얼] = Of course. [옵 코올ㅅ]　　　 물론이죠.

You bet. [유 벹]　　　 당연하죠.

Unit 10

사과하기

'I'm sorry.'는 '미안해요'라는 뜻으로 가장 기본적인 사과의 표현입니다. 그 뒤에 구체적으로 무엇이 미안한지를 붙인다면 의미를 더 명확히 전달할 수 있을 것입니다. 이때는 for를 붙이고 어떤 점이 미안한지 이유를 말하면 됩니다.

★★★★

핵심 표현

아임　　쏘리　　포올　　비잉　　레잍

I'm sorry for being late.

늦어서 죄송합니다.

단어를 바꿔서 표현해 보세요.

▫ **being noisy** [비잉 노이지] 시끄럽게 한 것

▫ **breaking your heart** [브레이킹 유어얼 허얼트]
당신의 마음을 아프게 한 것

▫ **making you wait** [메이킹 유 웨잍]
당신을 기다리게 한 것

▫ **breaking my promise** [브레이킹 마이 프라미스]
약속 못 지킨 것

단어

sorry [쏘리] 미안한
being [비잉] ~하는 것
late [레잍] 늦은

Tip 미안함에 대한 대답은 보통 '괜찮다'라는 표현으로 'That's ok. [댙츠 오케이] = That's alright. [댙츠 얼롸잍]' 등이 있습니다. 이외에 'Not a big deal. [낱 어 빅 딜](별거 아니야.)', 'Don't worry about it. [돈(트) 워리 어바웉 잍](걱정하지 마.)'의 표현도 있습니다.

쏘리　어바웉　댙
Sorry about that.

(그것에 대해) 미안해요.

아이 어폴로자이ㅈ
I apologize.

미안해요.

오　마이　밷
Oh, my bad.

오, 제 잘못이에요.

> bad은 기본적으로 '나쁜'의 뜻이지만, my 뒤에 나오는 경우 명사로 '나쁜 일, 잘못'이라는 뜻으로 쓰입니다.

플리ㅈ　폴깁　미
Please forgive me.

제발 용서해 주세요.

 엿보기 단어

about [어바웉] ～에 대하여, 대략
apologize [어폴로자이ㅈ] 사과하다

bad [밷] 나쁜 일, 잘못
forgive [폴깁] 용서하다

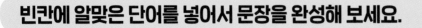

빈칸에 알맞은 단어를 넣어서 문장을 완성해 보세요.

늦어서 죄송합니다.

I'm sorry for   .

(그것에 대해) 미안해요.

Sorry   that.

미안해요.

I a   .

오, 제 잘못이에요.

Oh, my   .

제발 용서해 주세요.

Please   me.

질문 있어요!

Q. 장례식장에서 'I'm sorry.'라는 말을 들었어요. 무엇이 미안하단 걸까요?

'I'm sorry.'는 '미안하다'라는 의미 외에도 '유감입니다, 애석합니다' 등의 공감이나 연민에 관한 의미로도 쓰이기 때문에 장례식장에서 애도의 표현으로도 사용할 수 있습니다. I'm sorry를 사용한 다양한 애도의 표현을 익혀 보세요.

● 애도에 관한 표현

아임　쏘리　포올 유어얼　로스
I'm sorry for your loss.

나는 당신의 상실에 유감이에요.

아임　쏘리　투 히어얼　댙
I'm sorry to hear that.

나는 그것을 들어서 유감이에요.

아임　쏘리　어바웉　왙　해픈ᄃ　투　유
I'm sorry about what happened to you.

그런 일이 생기다니 안타까워요.

아임 쏘　쏘리
I'm so sorry.

정말 안 됐네요.

위로 및 격려하기

🎧 01-21

낙담해 있는 상대에게 위로와 격려의 표현으로 용기를 북돋워 줄 수 있는 다양한 격려의 표현을 익혀 보세요.

핵심 표현

에브뤼띵　　월　비　오우케이
Everything will be okay.

모든 것이 **괜찮아** 질 거예요.

단어를 바꿔서 표현해 보세요.

▫ **fine** [파인] 좋은, 괜찮은

▫ **all right** [얼 롸잍] 괜찮은

단어

will [윌] ~일 것이다
be [비] ~이다
okay [오우케이] 괜찮은

 Tip 심각한 상황에 처한 상대에게는 'I hope you feel better. [아이 홒 유 필 베러얼](기분이 나아지길 바랍니다.)' 또는 'I hope things get easier. [아이 홒 띵스 겥 이지어얼](모든 것이 괜찮아지길 바랍니다.)' 와 같이 좀 더 조심스러운 위로 표현을 사용하는 것이 좋습니다.

댇ㅊ 투 뱀
That's too bad.

그것참 안됐네요. (유감이에요.)

> too는 보통 '또한'의 뜻으로 쓰이지만, too 뒤에 '~한'의 의미를 가진 형용사가 올 경우에는 '너무, 매우'의 의미로 쓰입니다.

잍ㅊ 낱 유어얼 폴ㅌ
It's not your fault.

당신 잘못이 아니에요.

유 윌 비 파인
You will be fine.

괜찮을 거예요.

아이 캔(ㅌ) 이매진 하우 유 필
I can't imagine how you feel.

당신이 얼마나 힘들지 상상할 수 없어요.

 엿보기 단어

too [투] 너무, 매우

fault [폴ㅌ] 잘못

imagine [이매진] 상상하다

모든 것이 괜찮아질 거예요.

Everything will be　　　　.

그것참 안됐네요. (유감이에요.)

That's　　　　**bad.**

당신 잘못이 아니에요.

It's not your　　　　.

괜찮을 거예요.

You will be　　　　.

당신이 얼마나 힘들지 상상할 수 없어요.

I can't　　　　**how you feel.**

Q. Fighting이 콩글리시라는데, 바른 표현은 무엇인가요?

한국에서는 '힘내'라는 표현으로 **fighting** [파이팅]을 많이 씁니다. 그러나 **fighting**은 '싸우는, 전투적인'의 뜻으로 영어권에서는 '싸우자'라는 의미로 받아들일 수 있기 때문에 사용에 주의해야 합니다. '힘내'의 뉘앙스와 비슷한 다른 표현을 익혀 보세요.

● (낙심한 상대방에게) **위로 표현**

치어얼 업   킵 유어얼 친 업
Cheer up. = Keep your chin up.   기운 내요.

돈(ㅌ) 비 쏘 다운
Don't be so down.   기운 빠져 있지 말아요.

아임 루팅 포올 유
I'm rooting for you!   당신을 응원하고 있어요!

● (경기 등) **응원 표현**

행 인 데어얼
Hang in there!   버텨봐요!   (힘든 상황에 있을 때)

유 캔 두 디ㅅ   유 갓 디ㅅ
You can do this! = You got this!   할 수 있어요!

데어얼 유 고우
There you go!   잘하고 있어요!   (잘하고 있을 때)

축하하기

🎧 01-23

합격, 승진, 졸업, 출산 등 축하가 필요할 때, **congratulations**을 활용한 다양한 축하 표현을 익혀 보세요.

핵심 표현

콩그뤠츄레이션ㅅ   온   유어얼   석세ㅅ
Congratulations on your success.

당신의 성공 을 축하해요.

단어를 바꿔서 표현해 보세요.

▫ **new job** [뉴 잡] 취업 (새 직장)

▫ **wedding** [웨딩] 결혼

▫ **promotion** [프로모션] 승진

▫ **graduation** [그래쥬에이션] 졸업

▫ **new baby** [뉴 베이비] 출산

단어

congratulations
[콩그뤠츄레이션ㅅ] 축하해요

on [온] ~에 대해

your [유어얼] 당신의

success [석세ㅅ] 성공

Tip

● congratulations 사용 시 주의사항

한국에서 축하 카드에 흔히 적혀 있는 **congratulations**는 노력 또는 고생해서 얻게 된 결실을 축하하는 표현이기 때문에 생일과 같이 자연스럽게 맞이하는 상황에서는 사용하지 않습니다.
생일은 'Happy birthday!'로 축하해 주세요.

콩그뤠츄레이션ㅅ

Congratulations!

축하해요!

※ 줄임 표현 : congrats! [콩그뤠츠]

해피　　벌쓰데이

Happy birthday!

생일 축하해요!

아임　쏘　젤러쓰

I'm so jealous!

너무 부러워요!

한국인이 '부럽다'는 표현으로 자주 쓰는 'I envy you. [아이 엔비 유]'는 실제 외국인들은 거의 쓰지 않는 표현입니다.

아임　프라운 옵 유

I'm proud of you.

당신이 자랑스러워요.

 **엿보기 단어**

birthday [벌쓰데이] 생일   proud [프라운] 자랑스러운
jealous [젤러쓰] 질투하는

당신의 성공을 축하해요.

Congratulations on your .

축하해요!

C !

생일 축하해요!

Happy !

너무 부러워요!

I'm so !

당신이 자랑스러워요.

I'm **of you.**

Q. 축하할 때 '넌 ~을 받을만해'라는 표현으로는 무엇이 있나요?

좋은 소식을 들었을 때 많이 쓰는 표현으로 '~을 받을만하다, 자격이 있다'의 뜻을 가진 **deserve** 동사가 있습니다. 이 동사를 활용해서 좋은 결과를 축하하는 표현을 익혀 보세요.

유　　디절ㅂ　　잍
You deserve it.　　　　　　당신은 그것을 받을만해요.

유　　디절ㅂ　　프레이즈
You deserve praise.　　　　당신은 칭찬을 받을만해요.

유　　디절ㅂ　　어 뤠스트
You deserve a rest.　　　　당신은 쉴 자격이 있어요.

● 가장 많이 쓰는 칭찬 표현

웰　　던　　　웨이　투 고우
Well done. = Way to go.　　잘했어요.

유　　딛 어　굳　잡
You did a good job.　　　　잘했어요. (상대방의 성과를 칭찬할 때)

유　아알　두잉　굳
You are doing good.　　　　잘하고 있어요.

유어얼　코뤼언　이즈 베뤼　굳
Your Korean is very good.　한국어를 매우 잘하네요.

Unit 13

몸 상태 표현하기

🎧 01-25

have은 '가지다'라는 물건의 소유를 나타낼 때 사용하는 표현이지만, 몸의 증상을 나타낼 때도 유용하게 쓰는 표현입니다. 예를 들어, '나는 감기에 걸렸어요/배탈이 났어요/목이 뻐근해요' 등과 같이 증상과 함께 쓰일 때 '(증상)이 있다'라는 의미를 나타냅니다.

핵심 표현

아이 햅 어 헤드에잌

I have **a headache**.

두통 이 있어요.

단어를 바꿔서 표현해 보세요.

▫ **a cold** [어 콜드] 감기

▫ **an upset stomach** [언 업셑 스토막] 배탈

▫ **a fever** [어 피버얼] 열

▫ **a toothache** [어 투쓰에잌] 치통

▫ **a sore throat** [어 쏘어얼 뜨로웉] 인후염

단어

have [햅] 갖다, 먹다
a [어] 하나, 한
headache [헤드에잌] 두통

Tip '아파요'라는 표현은 질병에 의해 아플 때와 타박상에 의해 아플 때의 표현이 각각 다릅니다. 질병에 의해 아플 때는 sick을, 타박상에 의해 아플 때는 hurt를 사용해서 표현합니다.

질병에 의해 아플 때 : **I'm sick.** [아임 씩] 나 몸이 안 좋아.

타박상에 의해 아플 때 : **I'm hurt.** [아임 허얼트] 나 다쳤어.

80 오늘부터 **한 줄** 영어

아임 타이어얼ㄷ
I'm tired.

피곤해요.

마이 백 허얼ㅊ
My back hurts.

허리가 아파요.

아이 햅 노 애피타잍
I have no appetite.

입맛이 없어요.

아임 필링 너셔ㅅ
I'm feeling nauseous.

속이 메스꺼워요.

 **엿보기 단어**

tired [타이어얼ㄷ] 피곤한
back [백] 허리, 등

appetite [애피타잍] 식욕
nauseous [너셔ㅅ] 메스꺼운

두통이 있어요.

I have .

피곤해요.

I'm .

허리가 아파요.

My **hurts.**

입맛이 없어요.

I have no .

속이 메스꺼워요.

I'm feeling .

Q. 상대방의 건강을 염려하는 표현에는 어떤 표현들이 있나요?

건강을 염려하는 표현 중 가장 많이 쓰는 표현은 '건강하세요, 감기 조심하세요' 등이 있습니다. 상대방이 피곤해 보인다고 해서 'You look tired.[유 룩 타이어얼ㄷ](당신 피곤해 보이네요.)'와 같이 외모를 직접적으로 언급하는 표현은 불쾌하게 느낄 수 있으므로 사용에 주의해야 합니다. 상대방의 건강을 염려하는 자연스러운 표현에는 어떤 표현들이 있는지 익혀 보세요.

테일 케어얼 옵 유어얼셀ㅍ
Take care of yourself.　　　　　건강하세요.

돈(ㅌ) 캐취 어 콜ㄷ
Don't catch a cold.　　　　　감기 조심하세요.

드뤠ㅆ 웜리
Dress warmly.　　　　　따뜻하게 옷 입어요.

아알 유 오케이
Are you okay?　　　　　당신 괜찮아요?

아이 호퓨 필 베러얼 쑨
I hope you feel better soon.　　　　　빨리 낫길 바라요.

겔 웰 쑨
Get well soon.　　　　　쾌유를 빕니다.

감정 표현하기

🎧 01-27

기분이 어떤지 묻는 질문에 '좋아요, 나빠요' 외에도 다양한 감정 표현으로 대답할 수 있습니다. '느끼다'의 뜻을 가진 **feel** 동사를 활용해서 「**I feel**＋감정 상태」 구조로 자신의 감정을 풍부하게 표현할 수 있습니다.

핵심 표현

아이 필 굳
I feel good.

나는 좋아 .

단어를 바꿔서 표현해 보세요.

▫ **happy** [해피] 행복한

▫ **sad** [쌛] 슬픈

▫ **bad** [밷] 나쁜

▫ **depressed** [디프레스ㄷ] 우울한

▫ **lonely** [론리] 외로운

▫ **regret** [뤼그렡] 후회스러운

단어

feel [필] 느끼다
good [굳] 좋은

Tip 자신의 기분이 좋지 않을 때 'I feel good.'에 부정의 의미를 담아서 '기분이 좋지 않아요.'라는 의미로 'I don't feel good. [아이 돈(ㅌ) 필 굳]'이라고 표현하는 경우가 있습니다. 그러나 이 표현은 기분이 아닌, 몸의 컨디션을 나타내는 표현이므로 사용에 주의해야 합니다.

I don't feel good. [아이 돈(ㅌ) 필 굳]   나는 컨디션이 안 좋아요.

아임 익싸이리ㄷ
I'm excited!

신나요!

잍ㅊ 쏘 터칭
It's so touching!

매우 감동적이에요!

쿠든(ㅌ) 비 베러얼
Couldn't be better!

너무 좋아요! (더 좋을 수 없어요!)

아임 스트레스ㄷ 아웉
I'm stressed out!

스트레스 받아요!

 엿보기 단어

excited [익싸이리ㄷ] 신나는
touching [터칭] 감동적인

better [베러얼] 더 좋은
stressed [스트레스ㄷ] 스트레스를 받는

나는 좋아.

I feel   .

신나요!

I'm   !

매우 감동적이에요!

It's   !

너무 좋아요! (더 좋을 수 없어요!)

Couldn't be   !

스트레스 받아요!

I'm   out!

Q. 'Oh my god!'을 함부로 쓰면 안 되나요?

'Oh my god! [오 마이 갇]'은 놀랐을 때 '맙소사!, 세상에!, 이럴수가!'라는 의미로 한국인이 가장 많이 쓰는 감탄사 중 하나일 것입니다. 그러나 god은 '신'이라는 뜻으로 결국 '신이시여!'라는 의미를 가지고 있기 때문에 종교인이 듣기에 불편하게 느낄 수 있습니다. 같은 의미를 가진 'Oh my goodness! [오 마이 굳니스]' 또는 'Oh my gosh! [오 마이 가쉬]'를 사용하는 것을 추천합니다.

● 상황별 감탄사

oh [오]	어? / 그렇구나 …	(놀랐을 때)/(슬픈 소식을 들었을 때)
whoa! [워]	우와!	(놀랐을 때)
yay! [얘이]	앗싸!	
tada! [타다]	짜잔!	
ew! [이우]	우웩!	
ouch! [아우취] = ow! [아우]	아야!	(아플 때)
oops! [웁쓰]	아이코!	(실수했을 때)
aww … [아]	아 …	(안타까울 때, 귀여울 때)
meh [메]	별로야, 그저 그래	

부탁하기

🎧 01-29

상대에게 부탁할 때는 먼저 'Excuse me.[익스큐스 미](실례합니다.)'라고 말한 뒤에 부탁할 내용을 말하는 것이 좋습니다. 'Could you ~?'는 '~해줄 수 있어요?'라는 뜻으로 부탁할 때 쓰는 대표적인 표현입니다.

 핵심 표현

쿠쥬 헬프 미 윋 디스

Could you help me with this?

이것 을 도와줄 수 있어요?

단어를 바꿔서 표현해 보세요.

▫ my homework [마이 홈워얼ㅋ] 내 숙제
▫ this issue [디ㅅ 이슈] 이 문제
▫ the dishes [더 디쉬ㅅ] 그 접시들, 설거지

단어

could [쿤] can의 과거형
can [캔] ~할 수 있다
help [헬프] 돕다
me [미] 나를
with [윋] ~와, ~에 관하여
this [디ㅅ] 이것

 Tip 가끔 무리한 부탁을 받았을 경우에는 긍정적인 표현을 먼저 말한 후 거절하는 것이 좋습니다.

I'd love to, but I'm busy. [아일 럽 투 벋 아임 비지]   그러고 싶은데, 바쁘네요.

I'm afraid I can't. [아임 어프뤠읻 아이 캔(ㅌ)]   미안하지만 할 수 없어요.

(＊ I'd [아일] = I would [아이 운] : 나는 ~했으면 좋겠다)

쿠쥬 두 미 어 페이버얼
Could you do me a favor?

부탁 하나 들어줄 수 있나요?

아이 해버 페이버얼 투 애스큐
I have a favor to ask you.

당신에게 부탁이 하나 있어요.

아임 베깅 유
I'm begging you.

제발 부탁이에요.

이퓨 아알 어베일러블
If you are available,

당신이 괜찮다면,

※ 부탁하는 표현 앞 또는 뒤에 붙여서 사용합니다.

 엿보기 단어

favor [페이버얼] 호의, 친절
ask [애스크] 묻다, 요청하다

begging [베깅] beg(간청하다)의 현재진행형
available [어베일러블] 시간(여유)이 있는

이것을 도와줄 수 있어요?

Could you help me with   ?

부탁 하나 들어줄 수 있나요?

Could you do me a   ?

당신에게 부탁이 하나 있어요.

I have a favor to   you.

제발 부탁이에요.

I'm   you.

당신이 괜찮다면,

If you are   ,

Q. '잘 부탁드립니다'라는 말은 어떻게 표현하나요?

'잘 부탁드립니다'는 '수고하세요'와 같이 한국에서만 사용하는 관용적인 표현으로, 정확한 영어 표현이 없습니다. 누군가를 새롭게 만나거나 일을 부탁하는 상황이 영어권 국가에서는 '부탁할 일'이 아닌 '당연한 일'이기 때문입니다. 상황에 따른 비슷한 뉘앙스의 다른 표현들을 익혀 보세요.

● 일을 부탁한 후

아이　어프뤼시에잍　잍
I appreciate it.　　　　　　　　감사합니다.

땡큐　포올　두잉　디ㅅ
Thank you for doing this.　　해주셔서 감사합니다.

땡쓰　인　어드밴ㅅ
Thanks in advance.　　　　　미리 감사합니다.

아임　카운팅　온　유
I'm counting on you.　　　　나는 당신을 믿어요.

● 누군가를 새롭게 만났을 때

아임　베뤼　익싸이리ㄷ　투　미츄
I'm very excited to meet you.　　만나게 되어 매우 기쁩니다.

아임　루킹　포올와알ㄷ　투　워얼킹　위듀
I'm looking forward to working with you.

당신과 일하는 것이 기대됩니다.

제안하기

🎧 01-31

'Can I help you?'는 제안하는 표현 중에서도 가장 많이 쓰이는 필수 표현입니다. 이 외에 대표적으로 쓰이는 표현으로 'How about ~?'이 있습니다. 「How about＋제안할 내용」 구조로 상대방에게 제안하는 다양한 표현을 익혀 보세요.

핵심 표현

하우　　어바웉　　런취

How about lunch?

점심 식사 어때?

단어를 바꿔서 표현해 보세요.

▫ **dinner** [디너얼] 저녁 식사

▫ **a drink** [어 듀륑ㅋ] 술 한잔

▫ **a beer** [어 비어얼] 맥주 한잔

▫ **that** [댙] 그것

단어

how about ~?

[하우 어바웉] ~은 어때요?

lunch [런취] 점심 식사

Tip　● How about that의 다양한 의미

'How about that.'은 쓰이는 상황에 따라서 의미가 달라집니다. 가벼운 제안을 할 때는 '그건(이건) 어때?'의 의미로 쓰이고, 감탄사로 쓰일 때는 '대단하다!, 근사한데!'의 의미로 쓰입니다.

제안 ：How about that?　그건(이건) 어때?

감탄사 ：How about that!　대단하다!, 근사한데!

캐나이　　헬퓨
Can I help you?

도와드릴까요?

렡츠　고우　　투게더얼
Let's go together.

우리 같이 가요.

와이　　돈(ㅌ)　위 고우　하이킹　　디ㅅ　　위켄ㄷ
Why don't we go hiking this weekend?

우리 이번 주말에 등산 가지 않을래요?

두　유　원ㅌ　투 씨 어 무비
Do you want to see a movie?

영화 보러 갈래요?

 **엿보기 단어**

help [헬ㅍ] 돕다
let's [렡츠] = let us [렡 어ㅅ] 우리 ~하자

go hiking [고우 하이킹] 등산을 가다
see a movie [씨 어 무비] 영화를 보다

점심 식사 어때?

How about ?

도와드릴까요?

Can I **you?**

우리 같이 가요.

go together.

우리 이번 주말에 등산 가지 않을래요?

Why don't we **this weekend?**

영화 보러 갈래요?

Do you want to ?

Q. 원한다는 말을 한 적이 없는데 'You might want to ~'라는 말을 들었어요.

'You might want to ~'는 가진 단어의 의미와 쓰임이 다른 경우에 해당하는 표현 중 하나입니다. 직역하면 '당신은 ~하는 것을 원할 것이다'라는 뜻이지만, 실제로는 '당신은 ~하는 것이 좋을 것 같다'라는 공손한 제안의 의미로 쓰입니다.

유　마잍　원트　투　씯　다운　히어얼
You might want to sit down here.

여기 앉는 게 좋겠어요.

유　마잍　원트　투　프랙틱스　스피킹　모올
You might want to practice speaking more.

말하기를 더 연습하는 게 좋겠어요.

Should도 마찬가지로 '~해야 한다'라는 뜻이지만, 실제로는 '~하는 게 좋겠다'라는 제안의 의미로 쓰입니다.

유　슏　테잌　어　브레잌
You **should** take a break.

너는 잠시 휴식을 취하는 게 좋겠어.

유　슏　고우　투　슬맆　얼리　투나잍
You **should** go to sleep early tonight.

너는 오늘 밤 일찍 잠에 드는 게 좋겠어.　↖o의 예외 발음

약속하기

🎧 01-33

약속을 정할 때 대표적으로 쓰는 'Are you free ~'는 '~에 시간 있어요?'라는 의미로 「Are you free＋약속 날짜/시간?」 구조를 활용해서 다양한 약속 표현을 나타낼 수 있습니다. free는 '자유로운'이란 뜻이지만, 'Are you free ~'의 free는 '계획이 없는, 한가한'이라는 의미를 나타냅니다.

핵심 표현

아알 유 프뤼 투마로우

Are you free tomorrow?

내일 시간 있어요?

단어를 바꿔서 표현해 보세요.

- **this afternoon** [디ㅅ 애프터얼눈] 오늘 오후
- **this weekend** [디ㅅ 위켄ㄷ] 이번 주말
- **tonight** [투나잍] 오늘 밤

단어

are you ~? [아알 유]
당신 ~인가요?
free [프뤼] 한가한, 계획이 없는
tomorrow [투마로우] 내일
↳o의 예외 발음

Tip
● Do you have time? *vs.* Do you have the time?
두 문장은 가운데 the의 유/무에 따라서 완전히 다른 의미가 됩니다. 오해를 사지 않도록 상황에 맞게 주의해서 사용하세요.

Do you have time? [두 유 햅 타임]　시간이 있습니까?

Do you have the time? [두 유 햅 더 타임]　지금 시간이 몇 시입니까?

웨어얼 슏 위 밑
Where should we meet?

우리 어디서 만날까요?

왙 타임 이즈 굳 포올 유
What time is good for you?

당신은 몇 시가 좋아요?

아이 햅 아더얼 플랜즈
I have other plans.

나는 다른 약속이 있어요.

아이 원(트) 비 에이블 투 메이킽
I won't be able to make it.

나는 약속을 못 지킬 것 같아요.

> make it은 기본적으로 '성공하다'의 뜻이지만, 시간을 언급하는 경우 '시간을 맞추다'라는 뜻으로 쓰입니다.

 엿보기 단어

meet [밑] 만나다
time [타임] 시간
plans [플랜즈] 계획들

won't [원(트)] = will not [윌 낱] ～하지 않을 것이다
be able to [비 에이블 투] ～을 할 수 있다
make it [메이킽] 시간을 맞추다

내일 시간 있어요?

Are you free   **?**

우리 어디서 만날까요?

Where should we   **?**

당신은 몇 시가 좋아요?

What   **is good for you?**

나는 다른 약속이 있어요.

I have other   **.**

나는 약속을 못 지킬 것 같아요.

I won't be able to   **.**

Q. 'I have a promise tomorrow. (나 내일 약속 있어.)'가 이상한가요?

약속을 의미하는 단어는 'appointment [어포인트먼트], promise [프라미스], meeting [미팅]' 등이 있습니다. 그러나 이 단어들이 모두 일상적인 약속을 의미하지는 않습니다. appointment는 병원, 회사 일정과 같이 공식적인 약속을 의미하며, promise는 맹세와 같은 약속을 의미하기 때문에 '내일 약속이 있다'라는 표현에서 promise는 어울리지 않는 표현입니다.

> **올바른 표현**
>
> 아이　핸　플랜즈　투마로우
> ## I have plans tomorrow.
>
> 나 내일 약속 있어.

아이　해번　어포인트먼트
I have an appointment.
↘a의 예외 발음

예약이 있어요. (병원, 치과 등 공식적 일정)

아이　해버　미팅
I have a meeting.

회의가 있어요. (직장)

아이　프라미스　유　댇　아이 엠　고우잉　투　킵　잍　씨크맅
I promise you that I am going to keep it secret.

맹세코 비밀을 지킬게요. (비밀을 지킬 거라고 당신에게 맹세할게요.)

 **지식 플러스**

a plan [어 플랜]은 구체적인 방안/계획을 의미하고 plans [플랜즈]는 일반적인 약속을 의미합니다. 단어 뒤에 s가 붙는 것은 복수형태를 의미하지만, 일반적인 약속이 있을 때도 plans를 사용합니다.

계획 말하기

🎧 01-35

자신의 계획을 말할 때 가장 많이 쓰는 표현으로 'I am going to ~.(나는 ~을 할 것이다.)'가 있습니다. 말하고자 하는 계획을 뒤에 넣어서 다양한 표현을 익혀 보세요.

 핵심 표현

아임 고우잉 투 잍 아웉

I'm going to eat out.

나는 외식 할 거예요.

단어를 바꿔서 표현해 보세요.

- □ **do homework** [두 홈워얼ㅋ] 숙제를 하다
- □ **go shopping** [고 쇼핑] 쇼핑하러 가다
- □ **make dinner** [메잌 디너얼] 저녁을 만들다
- □ **go to the gym** [고우 투 더 짐] 체육관을 가다
- □ **walk my dog** [워ㅋ 마이 독] 개를 산책시키다

단어

be going to [비 고우잉 투]
~할 것이다

eat out [잍 아웉] 외식하다

 Tip

● 미래에 대한 일을 말할 때 : will *vs.* be going to

will은 단순한 미래나 미래에 무언가를 할 의지가 있음을 나타낼 때 쓰고, be going to는 미래에 확실한 계획 또는 의도가 있음을 나타낼 때 씁니다.

I will go to the movies. [아 윌 고우 투 더 무비스]　　　난 영화 보러 갈 거야.

→ 말하는 순간 미래에 무엇을 할 건지 생각해 보고 이야기 함.

I am going to go to the movies. [아이 엠 고우잉 투 고우 투 더 무비스] 난 영화 보러 갈 예정이야.

→ 미래에 할 행동을 결심했거나 확실히 계획한 상황을 이야기 함.

아임　플래닝　투 고우 온 어 츄립
I'm planning to go on a trip.

여행을 갈 예정이야.

왙　아알 유어얼　플랜즈 포올　투나잍
What are your plans for tonight?

오늘 밤에 뭐 할 계획이야?

왙　아알 유　고우잉 투 두　투마로우
What are you going to do tomorrow?

내일 뭐 할 거야?

왙　아알 유　두잉 디스　위켄드
What are you doing this weekend?

이번 주말에 뭐해?

 엿보기 단어

go on a trip [고우 온 어 츄립] 여행을 가다   tomorrow [투마로우] 내일
tonight [투나잍] 오늘 밤   this weekend [디스 위켄드] 이번 주말

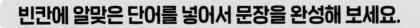

나는 외식할 거예요.

I'm going to   .

여행을 갈 예정이야.

I'm planning to   .

오늘 밤에 뭐 할 계획이야?

What are your plans for   ?

내일 뭐 할 거야?

What are you going to do   ?

이번 주말에 뭐해?

What are you doing this   ?

Q. 오늘 또는 주말에 무엇을 했는지에 대한 질문은 어떻게 하나요?

오늘 어땠는지, 주말은 어땠는지 등의 질문을 할 때 가장 많이 쓰이는 표현은 'How was ~?' (~가 어땠어?)'로 시작하는 문장입니다.

질문

하우 워즈 유어얼 데이
How was your day?　　　　　　오늘 하루 어땠어?

하우 워즈 유어얼 위켄드
How was your weekend?　　　　주말 어땠어?

답변

읻 워즈 어썸 그뤠잍 펀 오우케이
It was awesome/great/fun/ok.　　굉장했어. / 좋았어. / 재미있었어. / 괜찮았어.

아이 디든(ㅌ) 두 애니띵 머취
I didn't do anything/much.　　아무것도 안 했어. / 별거 안 했어.

아이 딛 썸 하우스워얼ㅋ
I did some housework.　　　　집안일 좀 했어.

아이 웬ㅌ 하이킹
I went hiking.　　　　　　　등산 다녀왔어.

아이 와취ㄷ 어 무비
I watched a movie.　　　　　영화 봤어.

취미 묻고 답하기

🎧 01-37

취미를 물어볼 때 'What do you do?'의 문장을 활용해서 물어볼 수 있습니다. 보통 직업이나 하는 일을 물어볼 때 '무슨 일하세요?' 또는 '직업이 무엇인가요?'라는 의미로 많이 사용하는데, 이 문장 뒤에 'for fun(재미를 위해)'을 추가하면 '취미가 무엇인가요?'라는 질문이 됩니다.

 핵심 표현

왙 두 유 두 포올 펀

What do you do for fun?

취미가 뭐예요? (재미를 위해 무엇을 하나요?)

단어를 바꿔서 표현해 보세요.

□ **in your free time** [인 유어얼 프뤼 타임]
당신의 여가 시간에

□ **in your spare time** [인 유어얼 스페어얼 타임]
당신의 남은 시간에

□ **on weekends** [온 위켄즈] 주말마다

□ **after work** [애프터얼 워얼ㅋ] 일 끝나고

단어

what [왙] 무엇
fun [펀] 재미, 즐거움

 Tip '당신의 취미는 무엇인가요?'는 보통 'What's your hobby?[왙츠 유어얼 하비]'라고 배웁니다. 틀린 표현은 아니지만 딱딱하게 들리기 때문에 현지인들은 자주 사용하지 않습니다. 핵심 표현처럼 여유 시간에 또는 재미를 위해 무엇을 하는지에 관해서 질문하는 것이 자연스럽습니다.

두 유 핸 애니 하비ㅅ

Do you have any hobbies?

어떤 취미들이 있나요?

왈 두 유 라잌 투 두 온 위켄ㅈ

What do you like to do on weekends?

주말마다 무엇을 하는 것을 좋아합니까?

인 마이 프뤼 타임 아이 라잌 투 두 요가

In my free time, I like to do yoga.

여가시간에, 나는 요가 하는 것을 좋아해요.

아이 인조이 푸디 투어얼ㅈ

I enjoy foodie tours.

나는 맛집 탐방하는 것을 좋아해요.

 **엿보기 단어**

hobbies [하비ㅅ] 취미들
yoga [요가] 요가

foodie tours [푸디 투어얼ㅈ] 맛집 탐방

취미가 뭐예요? (재미를 위해 무엇을 하나요?)

What do you do   ?

어떤 취미들이 있나요?

Do you have any   ?

주말마다 무엇을 하는 것을 좋아합니까?

What do you like to do on   ?

여가시간에, 나는 요가 하는 것을 좋아해요.

In my free time, I like to do   .

나는 맛집 탐방하는 것을 좋아해요.

I enjoy   .

질문 있어요!

Q. 외국인에게 질문할 때 조심해야 하는 것이 있나요?

취미를 묻는 것은 괜찮지만, 종교나 나이 등은 매우 개인적인 정보이기 때문에 친하지 않은 사이에서 묻는 것은 실례입니다. 직접 종교를 묻기보다 '주말에 보통 뭐 하나요?'라고 우회해서 묻는 형식으로 조심스럽게 질문하는 것을 추천합니다. 예의 있게 묻는 표현이 있지만 가능하다면 친해지기 전에는 신상에 관한 질문은 피하는 것이 좋습니다.

● 실례가 될 수 있는 표현

하우 올드 아알 유
How old are you?
몇 살이에요?

왙츄어얼 잡
What's your job?
직업이 무엇인가요?

아알 유 매릳
Are you married?
결혼했나요?

왙츠 유어얼 륄리젼
What's your religion?
종교가 무엇인가요?

● 예의 있게 묻는 표현

캐나이 애스크 하우 올드 유 아알
Can I ask how old you are?
몇 살인지 물어봐도 될까요?

왙 두 유 두 포올 어 리빙
What do you do for a living?
무슨 일을 하세요?

메이 아이 애스크 이퓨어얼 매릳
May I ask if you're married?
결혼했는지 물어봐도 될까요?

왙 두 유 노올멀리 두 온
What do you normally do on

위켄ㅈ
weekends?
주말에 보통 뭐 하세요?

좋아하는 것 말하기

🎧 01-39

좋아하는 것을 물어볼 때는 보통 'like(좋아하다)' 단어를 먼저 떠올리지만, '가장 좋아하는'의 뜻을 가진 favorite 단어를 활용해서 물어볼 수도 있습니다. 'What's your favorite' 뒤에 궁금한 항목을 추가하면 가장 좋아하는 것이 무엇인지 묻는 질문이 됩니다.

 핵심 표현

왙츠　유어얼　페이버뤼롵　푼

What's your favorite food?

가장 좋아하는 음식 이 뭐예요?

단어를 바꿔서 표현해 보세요.

▫ **show** [쇼] 쇼 (TV 프로그램)
▫ **color** [컬러얼] 색
▫ **music** [뮤직] 음악
▫ **season** [씨즌] 계절

단어

what is [왙 이즈]
= **what's** [왙츠]
~은 무엇입니까?
your [유어얼] 당신의
favorite [페이버뤼롵]
가장 좋아하는
food [푼] 음식

 Tip　like와 favorite은 둘 다 좋아하는 것을 말할 때 쓰이지만 미묘한 차이가 있습니다.

I like music. [아이 라잌 뮤직]　나는 음악을 좋아합니다.

My favorite music is K-pop.　내가 가장 좋아하는 음악은 K-Pop입니다.
[마이 페이버뤼롵 뮤직 이즈 케이팝]

마이   페이버륄   컬러얼 이즈   그린
My favorite color is green.
내가 가장 좋아하는 색은 초록색이에요.

아이 뤼얼리   럽 스파이씨   풋
I really love spicy food.
나는 매운 음식을 정말 좋아해요.

아임   크레이지   어바웉   커피
I'm crazy about coffee.
나는 커피에 미쳤어요.

아임 어 빅 팬 옵 히스토리
I'm a big fan of history.
나는 역사 광입니다.

 엿보기 단어

green [그린] 초록색   coffee [커피] 커피
spicy [스파이씨] 매운   history [히스토리] 역사

가장 좋아하는 음식이 뭐예요?

What's your favorite   ?

내가 가장 좋아하는 색은 초록색이에요.

My favorite color is   .

나는 매운 음식을 정말 좋아해요.

I really love   food.

나는 커피에 미쳤어요.

I'm crazy about   .

나는 역사 광입니다.

I'm a big fan of   .

질문 있어요!

Q. 떡순이, 빵순이와 같은 표현도 있나요?

특정 대상에 열정적으로 좋아하는 사람을 우리는 '~순이, ~돌이'라고 합니다. 하지만 영어에서는 없는 단어이기 때문에 비슷한 의미로 '~한 사람'이라고 표현할 수 있습니다. '나는 ~사람입니다'라는 기본형에 좋아하는 명칭을 넣어서 활용이 가능합니다.

> I'm a + 좋아하는 것 + person : 나는 ~을 좋아하는 사람이다

아임 어 커피 퍼얼슨
I'm a coffee person.
나는 커피를 좋아하는 사람입니다.

아임 어 피플 퍼얼슨
I'm a people person.
나는 사람을 좋아하는 사람입니다.

아임 어 무비 퍼얼슨
I'm a movie person.
나는 영화를 좋아하는 사람입니다.

아임 어 스포올츠 퍼얼슨
I'm a sports person.
나는 스포츠를 좋아하는 사람입니다.

 **지식 플러스**

'빵순이, 떡순이'라는 표현은 어떻게 표현할까요?

빵순이 : **I'm a bread person.** [아임 어 브뤠드 퍼얼슨]　　　　나는 빵을 좋아하는 사람입니다.

떡순이 : **I'm a rice cake person.** [아임 어 롸이ㅅ 케잌 퍼얼슨]　나는 떡을 좋아하는 사람입니다.

찬성 및 반대하기

🎧 01-41

상대방의 의견에 찬성할 때는 'agree', 반대할 때는 'disagree[디스어그뤼](동의하지 않다)'라는 표현을 사용합니다. 찬성할 때 보통 'I agree with you.'라고 말하지만, 더 줄여서 'I agree.'라고 간단하게 말하기도 합니다.

핵심 표현

아이   어그뤼   위듀

I agree with you.

당신에게 동의해.

단어를 바꿔서 표현해 보세요.

▫ **in part** [인 파알ㅌ] 일부만

▫ **with that opinion** [윋 댙 오피니언] 그 의견에

▫ **with you 100 percent** [윋 유 원헌드뤤 퍼얼센ㅌ]
당신에게 100%

▫ **with your suggestion** [윋 유어얼 써제스쳔]
당신의 제안에

단어

agree [어그뤼] 동의하다
with [윋] ~와, ~에 관하여

Tip

● I'm for it *vs.* I'm against it

매우 간단한 두 문장으로 찬성과 반대를 나타낼 수 있습니다. for는 '~을 찬성하여', against는 '~에 반대하여'라는 뜻을 나타내기 때문에 의견 대립을 나열할 때 소제목으로 'For *vs.* Against (찬성 대 반대)'로 많이 나타냅니다.

유어얼 롸잍

You're right.

네 말이 맞아.

아이 띵ㅋ 쏘 투

I think so, too.

나도 그렇게 생각해.

아이 쿠든(ㅌ) 어그뤼 모올

I couldn't agree more.

전적으로 찬성해. (더 찬성할 수 없어.)

댙츠 낱 어 굳 아이디어

That's not a good idea.

그건 좋은 생각이 아니야.

 **엿보기 단어**

right [롸잍] (의견 판단이) 옳은   **idea** [아이디어] 생각, 발상
more [모올] 더 (많이)

당신에게 동의해.

I agree .

네 말이 맞아.

You're .

나도 그렇게 생각해.

I think so, .

전적으로 찬성해. (더 찬성할 수 없어.)

I couldn't agree .

그건 좋은 생각이 아니야.

That's not a good .

Q. 'Coffee doesn't agree with me.'는 무슨 의미인가요?
커피가 나에게 동의하지 않는다?

agree with은 '~에 동의하다'라는 뜻입니다. 그러나 음식이나 생활 등의 어휘와 결합하면 '(음식이나 일이) ~와 맞다'라는 의미를 나타내기 때문에 doesn't agree with은 '(음식이나 일이) ~와 맞지 않다'라는 의미로 이해할 수 있습니다. 체질적으로 어떠한 음식이나 생활이 맞지 않을 때 자주 사용하는 표현입니다.

> 대표 표현
>
> 디ㅅ 풋 더즌(ㅌ) 어그뤼 윋 미
> ## This food doesn't agree with me.
> 이 음식은 나와 안 맞아. (나는 이 음식이 체질상 안 맞아.)

커피 더즌(ㅌ) 어그뤼 윋 미
Coffee doesn't agree with me.
커피는 나와 안 맞아. (나는 커피가 체질상 안 맞아.)

밀크 더즌(ㅌ) 어그뤼 윋 미
Milk doesn't agree with me.
우유는 나와 안 맞아. (나는 우유가 체질상 안 맞아.)

알커홀 더즌(ㅌ) 어그뤼 윋 미
Alcohol doesn't agree with me.
술은 나와 안 맞아. (나는 술이 체질상 안 맞아.)

씨리 라잎 더즌(ㅌ) 어그뤼 윋 미
City life doesn't agree with me.
도시생활은 나와 안 맞아. (나는 도시생활이 체질상 안 맞아.)

수락 및 거절하기

🎧 01-43

상대방에게 도움이나 약속 제안을 받을 때 '예, 아니요'와 같이 단답형 대답만을 한다면 제안한 사람에게 불쾌감을 줄 수 있습니다. 'Sounds great.'은 직역하면 '대단하게 들리네.'라는 어색한 해석이 되지만, 그만큼 상대방의 제안을 긍정하는 표현으로 '좋은 생각이야'라고 해석할 수 있습니다. 제안을 수락하거나 자연스럽게 거절하는 표현을 익혀 보세요.

핵심 표현

싸운즈 그뤠잍

Sounds great.

좋은 생각이야. (대단하 게 들리네.)

단어를 바꿔서 표현해 보세요.

- **good** [굳] 좋은
- **wonderful** [원더얼풀] 훌륭한, 아주 멋진
- **lovely** [러블리] 훌륭한, 멋진

단어

sounds [싸운즈]
~처럼 들리다
great [그뤠잍] 대단한, 훌륭한

Tip ●자연스러운 수락과 거절 방법

간단하면서도 예의 있게 수락과 거절하는 표현을 익혀 보세요.

Yes, please. [예쓰 플리즈] 네. 부탁합니다.

No, thank you. [노 땡큐] 아니요, 감사합니다.

옵　　코올ㅅ
Of course.

물론입니다.

예쓰 아읻 럽 투
Yes, I'd love to.

네, 좋습니다.

노　아임　굳
No, I'm good.

아니, 난 괜찮아요.

아임　어프뤠읻 아이 캔(ㅌ)
I'm afraid I can't.

유감이지만 할 수 없어요.

 **엿보기 단어**

afraid [어프뤠읻] 유감스러운　　　　　can't [캔(ㅌ)] = can not [캔 낱] ~할 수 없다

좋은 생각이야. (대단하게 들리네.)

Sounds   .

물론입니다.

O   .

네, 좋습니다.

Yes, I'd   to.

아니, 난 괜찮아요.

No, I'm   .

유감이지만 할 수 없어요.

I'm   I can't.

Q. 'Let's take a rain check.'은 무슨 의미인가요?

상대방의 감정이 상하지 않도록 우회적으로 제안을 거절하는 표현으로, 구어체로 많이 쓰이는 관용구입니다. 이 표현이 만들어지게 된 재미있는 유래가 있습니다. 야구 경기는 비가 올때 경기를 쉽니다. 티켓을 구매한 관객들이 비 오는 날 헛걸음하지 않도록 경기 주최 측에서 다음에 무료로 올 수 있는 **rain check** [뤠인 첵]이라는 '우천 교환권'을 나누어 주었습니다. 이후 이 표현은 '다음으로 미루자'라는 의미로 많이 쓰이게 되었습니다.

● 제안에 우회적으로 거절할 수 있는 표현

아읻 럽 투 벝 아이 메읻 플랜즈 얼뤠디
I'd love to, but I made plans already.

나도 그러고 싶은데, 벌써 다른 약속을 잡았어.

아이 위쉬 아이 쿧 벝 아이 햅 투 워얼크 오버얼타임
I wish I could, but I have to work overtime.

가능하면 좋겠는데, 오늘 야근해야 해.

아읻 뤼얼리 라잌 투 벝 아이 해버 클래쓰 디스 애프터얼눈
I'd really like to, but I have a class this afternoon.

나는 정말 그러고 싶은데, 오늘 오후에 수업이 있어.

아임 쏘리 벝 아이 햅 얼뤠디 핻 런취
I'm sorry, but I have already had lunch.

미안하지만, 난 이미 점심을 먹었어.

경고하기

🎧 01-45

살면서 누구나 위험요소를 만날 수 있고 타인의 위험한 상황을 알려줘야 할 때도 있습니다. 주의하라는 표현은 자칫 강압적으로 들릴 수 있으므로, 배려가 포함된 표현으로 완화시켜서 말하는 경우가 많습니다. 직접적인 경고부터 완화시킨 표현까지 다양한 표현을 익혀 보세요.

핵심 표현

돈(ㅌ)   터취   잍
Don't touch it.

그거 만지 지 마.

단어를 바꿔서 표현해 보세요.

- **bother me** [바더얼 미] 나를 귀찮게 하다
- **speak like that** [스픽 라잌 댙] 그렇게 말하다
- **make excuses** [메잌 익스큐시스] 변명하다
- **interrupt** [인터뤞ㅌ] 끼어들다, 방해하다

단어

do not [두 낱]
= don't [돈(ㅌ)] ~하지 마
touch [터취] 만지다

Tip
● 권유에 가까운 '하지마' 표현
don't는 '~하지 마'와 같이 명령형으로 들릴 수 있기 때문에 상대방이 불쾌하게 느낄 수 있습니다. 오해가 없도록 권유에 가까운 표현으로 'You don't want to ~'가 있습니다. 직역하면, '당신은 ~을 원하지 않는다'라는 어색한 표현이 되지만 '~을 하지 마세요'라는 완곡한 의미로 이해할 수 있습니다.

You don't want to eat that. [유 돈(ㅌ) 원ㅌ 투 잍 댙]   그것을 먹지 마세요.

비　케어얼풀
Be careful.

조심해.

※ 미래에 일어날지 모르는 상황에 대해
조심하라고 말할 때 사용합니다.

와취　　아웉
Watch out!

조심해!

※ 차가 다가오는 상황처럼,
즉각적인 경고를 할 때 사용합니다.

유　아알　낱　얼라운　투　두　댙
You are not allowed to do that.

그렇게 하면 안 됩니다.

유　　슈든(ㅌ)　두　댙
You shouldn't do that.

너는 그것을 하지 않는 게 좋아.

 엿보기 단어

careful [케어얼풀] 조심하는　　　　　　　**allowed** [얼라운] 허용된
watch [와취] 보다, 지켜보다

그거 만지지 마.

Don't   **.**

조심해.

Be   **.**

조심해!

                       out!

그렇게 하면 안 됩니다.

You are not   **to do that.**

너는 그것을 하지 않는 게 좋아.

You   **do that.**

Q. Don't가 있는 영어 속담이 궁금해요.

영어도 우리말처럼 속담을 많이 사용합니다. 비유를 사용하는 속담은 많은 사람의 삶이 축적되어 만들어진 것으로 삶의 지혜를 담고 있습니다. 그래서 적재적소에 속담을 사용한다면 전달하고 싶은 의도를 효과적으로 전달할 수 있습니다.

> 대표 속담
>
> 돈(ㅌ) 저쥐 어 북 바이 잍ㅊ 커버얼
> # Don't judge a book by its cover.
> 책의 표지만 보고 판단하지 말아라. → 겉모습만 보고 판단하지 말아라.

돈(ㅌ) 풑 올 유어얼 에그즈 인 원 배스킽
Don't put all your eggs in one basket.

모든 계란을 한 바구니에 담지 말아라.　　➡ 한 가지에 모든 것을 걸지 말아라.

돈(ㅌ) 크롸이 오버얼 스필ㅌ 밀ㅋ
Don't cry over spilt milk.

엎질러진 우유를 두고 울지 말아라.　　➡ 이미 일어난 일은 신경 쓰지 말아라/잊어버려라.

돈(ㅌ) 카운ㅌ 유어얼 치킨ㅈ 비포올 데이 햍춰
Don't count your chickens before they hatch.

부화하기 전에 닭을 세지 말아라.　　➡ 김칫국부터 마시지 말아라.

비난 및 불평하기

🎧 01-47

부당한 대우를 받았을 때는 적절히 항의할 수 있어야 합니다. 무례하게 행동하는 사람에게 불쾌하다는 것을 알려야 그 행동을 멈추게 할 수 있기 때문입니다. 무작정 화를 내는 것보다 적절한 표현으로 불만을 전달하는 방법을 익혀 보세요.

핵심 표현

유어얼 쏘 민
You're so mean.

당신은 너무 심술궂네요.

단어를 바꿔서 표현해 보세요.

- **weird** [위얼ㄷ] 이상한
- **rude** [룬] 무례한
- **heartless** [허얼트리ㅅ] 차가운, 인정이 없는
- **childish** [촤일디쉬] 유치한

단어

so [쏘] 너무, 매우
mean [민] 심술궂은, 비열한

Tip ● 칭찬하기

'You are so ~.' 뒤에 긍정의 단어를 넣어서 칭찬의 표현을 할 수 있습니다.

You are so sweet. [유 아알 쏘 스윝]   당신은 매우 상냥하네요.
You are so nice. [유 아알 쏘 나이ㅅ]   당신은 매우 친절하네요.

응용 표현 익히기

01-48

왇ㅊ 렁 위듀

What's wrong with you?

문제가 뭐야? (너답지 않게 왜 그래?)

쉐임 온 유

Shame on you.

창피한 줄 알아라.

잍ㅊ 낱 페어얼

It's not fair.

이건 불공평해.

댙ㅊ 투 머취

That's too much.

너무 하네.

엿보기 단어

wrong [렁] 틀린, 잘못된
shame [쉐임] 부끄럽게 하다
fair [페어얼] 공평한
much [머취] 많은

당신은 너무 심술궂네요.

You're so   .

문제가 뭐야? (너답지 않게 왜 그래?)

What's   with you?

창피한 줄 알아라.

**   on you.**

이건 불공평해.

It's not   .

너무 하네.

That's too   .

Q. 무엇인가에 '만족하다'라는 표현은 어떻게 말하나요?

'만족하다'라는 표현을 사전에서 찾으면, satisfied[쌔리스파읻]이라는 단어가 가장 먼저 나옵니다. 교과서에서도 이 단어를 '만족하다'의 영어 표현으로 수록하고 있습니다. 물론 이 표현도 맞지만 실생활에서 보편적으로 쓰이는 표현은 happy입니다. happy의 기본 뜻은 '행복하다'이지만 무언가에 '만족하다'의 의미로도 사용합니다. 그러므로 '나는 ~에 만족하다'라는 의미로 'I'm happy with ~'의 형태를 활용할 수 있습니다.

대표 표현

아임　해피　윋　댙
I'm happy with that.

나는 그것에 만족해.

아임　해피　윋　마이　워얼ㅋ
I'm happy with my work.

나는 내 일에 만족해.

아임　해피　윋　웨어얼　아이 엠
I'm happy with where I am.

나는 내 위치(내가 있는 곳)에 만족해.

아임　해피　윋　더　뤼절ㅌ
I'm happy with the result.

나는 내 결과에 만족해.

아임　해피　윋　마이　라잎
I'm happy with my life.

나는 내 삶에 만족해.

WE CAN DO IT!

Unit 1. 길 안내하기

Unit 2. 길 찾기

Unit 3. 버스 타기

Unit 4. 지하철 타기

Unit 5. 택시 타기

Unit 6. 기차 타기

Unit 7. 공항 1 (체크인하기)

Unit 8. 공항 서비스 이용하기

Unit 9. 공항 2 (입국심사하기)

Unit 10. 공항 3 (짐 찾기, 세관 신고하기)

Unit 11. 음식점 1 (예약하기)

Unit 12. 음식점 2 (주문하기)

Unit 13. 음식점 3 (요청하기)

Unit 14. 음식점 4 (계산하기)

Unit 15. 패스트푸드점 이용하기

Unit 16. 카페 이용하기

Unit 17. 호텔 체크인/아웃 하기

Unit 18. 호텔 이용하기

Unit 19. 관광지 1 (질문/요청하기)

Unit 20. 관광지 2 (티켓 구매하기)

Unit 21. 쇼핑하기

Unit 22. 교환 및 결제하기

Unit 23. 위급상황 표현하기

Unit 24. 병원 및 약국 이용하기

생활 표현 익히기

GO-!!

길 안내하기

🎧 02-01

외국인 관광객이 많아지면서 길에서 외국인을 만날 수 있는 기회는 점점 많아지고 있습니다. 'you should ~.'을 활용해서 길을 헤매고 있는 외국인에게 위치와 방향을 알려주는 표현을 익혀 보세요.

핵심 표현

유　　　슌　　　테일　　　썹웨이　　　라인 넘버얼 뜨뤼

You should take subway line no. 3.

지하철 3호선 을 타면 됩니다.

단어를 바꿔서 표현해 보세요.

▫ **bus no. 741** [버스 넘버얼 쎄븐 포울티원] 741번 버스

▫ **the airport bus** [디 에어얼포올트 버스] 공항버스

▫ **a taxi** [어 택시] 택시

▫ **the express train** [디 익스프뤠스 츄뤠인]
급행열차 (또는 KTX)

단어

you should [유 슌]
당신은 ~해야 한다
take [테일] 타다
subway [썹웨이] 지하철
line no. 3 [라인 넘버얼 뜨뤼]
3호선

 버스 번호를 읽을 때는 숫자를 하나씩 읽기도 하지만 보통 두 자리씩 잘라서 읽기도 합니다.

105번 ː **one-o-five** [원오파입]
→ 숫자 0의 경우 알파벳 o와 닮아서 oh[오]로 읽습니다.

153번 ː **one fifty-three** [원 피프티뜨뤼]

7016번 ː **seventy sixteen** [쎄븐티 씩스틴]

고우　스트레잍　앤　턴　롸잍
Go straight and turn right.

직진해서 우회전하세요.

아일　워큐　데어얼
I'll walk you there.

그곳으로 당신을 데려다 드릴게요.

> walk는 기본적으로 '걷다'라는 뜻이지만, 뒤에 사람이 오는 경우 '~를 바래다주다'라는 뜻으로 쓰입니다.

잍츠　어바웉　텐　미닡츠　온　풑
It's about 10 minutes on foot.

걸어서 약 10분 걸려요.

> about은 기본적으로 '~에 대하여'의 뜻이지만, 시간 앞에서는 '대략'이라는 뜻으로 쓰입니다.

겥　오프　앹　강남　스테이션
Get off at Gangnam station.

강남역에서 내리세요.

 **엿보기 단어**

straight [스트레잍] 곧장, 똑바로	**on foot** [온 풑] 걸어서, 도보로
turn [턴] 돌다	**get off** [겥 오프] 하차하다
walk [워크] 바래다주다	**station** [스테이션] 정거장, 역
about [어바웉] 대략	

1 _____ 가세요.

Go _____.

> straight ahead [스트레일 어헫] 앞으로 쭉
> along this street [얼롱 디ㅅ 스트릩] 이 길을 따라서
> two blocks [투 블락ㅅ] 두 블록
> out exit 3 [아웉 엑씯 뜨뤼] 3번 출구 밖으로

2 _____ 약 10분 걸려요.

It's about 10 minutes _____.

> by taxi [바이 택시] 택시를 타고
> by bus [바이 버ㅅ] 버스를 타고
> by subway [바이 썹웨이] 지하철을 타고

3 _____ 에서 내리세요.

Get off at _____.

> the next stop/station [더 넥스ㅌ 스탚/스테이션] 다음 정거장
> the third station [더 떠얼ㄷ 스테이션] 세 번째 정거장
> the last station [더 라슡 스테이션] 마지막 정거장

보기

위취 버스 슈다이 테일 포올 씨리 홀
ⓐ Which bus should I take for City hall?

시청에 가려면 어떤 버스를 타야 하나요?

익스큐스 미 하우 두 아이 겥 투 더 써브웨이 스테이션
ⓑ Excuse me, how do I get to the subway station?

실례합니다, 지하철역에 어떻게 가나요?

하우 롱 운 잍 테일 투 겥 데어얼
ⓒ How long would it take to get there?

거기에 가는 데 얼마나 걸릴까요?

1. A :

   B : Go straight and turn right.

2. A :

   B : You should take bus no. 741.

3. A :

   B : It's about 10 minutes on foot.

정답

1 – ⓑ   2 – ⓐ   3 – ⓒ

Unit 2

길 찾기

🎧 02-03

길을 찾는 표현은 생존 영어라고 할 만큼 여행 시 필수 표현 중 하나라고 할 수 있습니다. 공항에 도착하자마자 가장 먼저 하는 일은 길을 찾는 것입니다. 즐거운 여행을 위해 간단한 길 찾기 표현들을 익혀 보세요.

핵심 표현

하우 두 아이 겥 투 씨리 홀
How do I get to City Hall?

시청 에 어떻게 가죠?

단어를 바꿔서 표현해 보세요.

- the art museum [디 아알ㅌ 뮤지엄] 미술관
- the national park [더 네셔널 파알ㅋ] 국립공원
- the airport [디 에어포올ㅌ] 공항
- Central Station [센트럴 스테이션] 중앙역
- this address [디ㅅ 어드레ㅅ] 이 주소

단어

how [하우] 어떻게
do [두] (어떤 동작/행위를) 하다
get [겥] 도착하다
to [투] ~에
City Hall [씨리 홀] 시청

Tip

● I'm a stranger, too. : 저도 여기 처음 온 사람입니다.

길을 물었을 때, 상대방이 곤란한 표정으로 'I'm a stranger, too.[아임 어 스트뤠인저얼 투]'라는 말을 할 수도 있습니다. strange[스트뤠인쥐]는 '이상한'을 의미하지만, stranger[스트뤠인저얼]은 '(어떤 장소에) 처음 온 사람'을 의미합니다. 비슷한 발음에 주의하세요. 이때 'It's ok. Thanks.'라는 간단한 인사말로 대답하면 됩니다.

아임 루킹 포올 어 파알ㅋ
I'm looking for a park.

공원을 찾고 있어요.

이ス 데어얼 어 버스 스탚 니어얼 히어얼
Is there a bus stop near here?

근처에 버스정류장이 있나요?

> stop은 기본적으로 '멈추다'라는 뜻이지만, 교통수단을 이야기 하는 경우 '정류장'이라는 뜻으로 쓰입니다.

캐나이 워크 데어얼 프롬 히어얼
Can I walk there from here?

여기서 걸어갈 수 있나요?

하우 롱 더ス 잍 테익 투 겥 투 더 호텔
How long does it take to get to the hotel?

호텔까지 가는 데 얼마나 걸리나요?

> get은 기본적으로 '얻다'의 뜻이지만, 길을 찾는 표현에서는 '도착하다'의 뜻으로 쓰입니다.

 엿보기 단어

look for [룩 포올] 찾다
looking for [루킹 포올] 찾는 중이다
(look for의 현재진행형)

park [파알ㅋ] 공원
stop [스탚] 정류장
near [니어얼] 가까운

1 _____ 을/를 찾고 있어요.

I'm looking for _____.

- a ticket office [어 티켙 오피씨] (공연) 매표소
- a currency exchange [어 커런씨 익스췌인쥐] 환전소
- luggage storage [러기쥐 스토뤼지] 가방 보관소
- a souvenir shop [어 수베니어얼 샵] 기념품 판매소

2 근처에 _____ 이/가 있나요?

Is there _____ near here?

- a drug store [어 드럭 스토어얼] 약국
- a restroom [어 뤠스트룸] 화장실
- an ATM [언 에이티엠] 현금 인출기
- a tourist information center [어 투어뤼슫 인포메이션 센터얼] 관광안내소

3 _____ 까지 가는 데 얼마나 걸리나요?

How long does it take to get to _____?

- downtown [다운타운] 시내
- the theater [더 띠에터얼] 극장
- the observatory [디 업져버터뤼] 전망대
- the beach [더 비취] 해변

보기

ⓐ 예씨 데어얼 이즈 잍츠 어크로ㅅ 더 스트맅
Yes, there is. It's across the street.
네, 있어요. 그것은 길 건너에 있어요.

ⓑ 슈어얼 잍츠 어바웉 어 뜨뤼 미닡 워크
Sure. It's about a three-minute walk.
물론이죠. 걸어서 약 3분 거리입니다.

ⓒ 유 닏 투 테잌 버ㅅ 넘버얼 에이리 원
You need to take bus number 81.
당신은 81번 버스를 타야 해요.

1. A : How do I get to City Hall?

   B :

2. A : Is there a bus stop near here?

   B :

3. A : Can I walk there from here?

   B :

정답

1 – ⓒ   2 – ⓐ   3 – ⓑ

길 안내 표현

길을 알려줄 때 가장 쉬운 방법은 그 지역의 랜드마크나 눈에 띄는 건물을 중심으로 방향을 알려주는 것입니다.

> **It's + 방향 + 건물**

남산서울타워 옆에 있습니다. ➡ **It's** <u>next to</u> <u>Namsan Seoul Tower</u>.
　　　　　　　　　　　　　　　　(방향)　　　　　　(건물)

● 방향 표현

오른쪽	right [라잍]
왼쪽	left [레프트]
~의 옆에	next to [넥스트 투]
~ 근처에	near [니어얼]
~ 위에	on [온]
~의 앞에	in front of [인 프론트 옵]
~의 모퉁이에	on the corner of [온 더 코오너얼 옵]
~의 반대편에	on the opposite of [온 디 어퍼씥 옵]
A와 B 사이에	between A and B [비트윈 에이 앤 비]

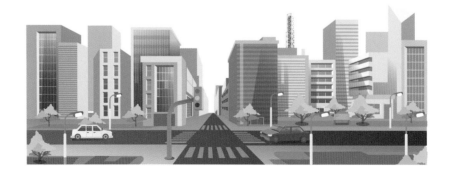

길에서 만나는 New Words

미국의 도로명 표지판을 보면, 길 이름 뒤에 작게 ST, BLVD 등의 약어가 적혀 있는 것을 볼 수 있습니다. 길을 찾을 때 유용하게 쓰이는 약어의 의미와 읽는 방법을 익혀 보세요.

● 도로명 약어

ST.= Street [스트릿]	도시의 도로, 동쪽과 서쪽을 연결
AVE. = Avenue [애비뉴]	가로수 길, 남쪽과 북쪽을 연결
BLVD. = Boulevard [블러바알드]	넓은 가로수길 (나무가 가운데 또는 양쪽에 위치 함)
PL. = Place [플레이스]	끝이 막혀있거나 막다른 골목과 이어진 도로
DR. = Drive [드라입]	공원이나 주택가의 길고 구불구불한 차도
PKWY. = Parkway [파알크웨이]	상가 건물 사이의 차도
CT. = Court [코올트]	원형으로 막힌 도로
Ln. = Lane [레인]	시골길과 같은 좁은 길

 ● 주소 읽기

미국 주소는 한국과 정반대로 씁니다.

주소 쓰기 순서 : 번지(number)-도로 이름-도시-주(state)-우편번호(Zip code)

(미국 시애틀 스타벅스 1호점 주소)

1912 Pike Pl, Seattle, WA 98101 USA
└번지 └도로 이름 └도시 └주 └우편번호

버스 타기

🎧 02-05

대중교통이 잘 발달되어 있는 대도시의 경우에는 도보여행이 더 편리합니다. 여행객의 발이라 할 수 있는 버스의 경우에는 버스정보시스템을 이용할 수 있지만, 급할 때는 현지인이나 버스기사에게 직접 물어보는 것이 가장 효율적입니다.

 핵심 표현

더즈 디스 버스 고우 투 더 주

Does this bus go to the zoo?

이 버스 동물원 에 가나요?

단어를 바꿔서 표현해 보세요.

▫ **the botanical garden** [더 버태니칼 가알든] 식물원
▫ **the amusement park** [디 어뮤즈먼트 파알ㅋ] 놀이공원
▫ **the national museum** [더 내셔널 뮤지엄] 국립박물관

단어

does [더즈]
(어떤 동작이나 행위를) 하다
bus [버스] 버스
zoo [주] 동물원

 Tip ● 노약자석 (Priority seat)

미국에도 우리나라와 같이 노약자석이 있습니다. 쉽게 눈에 띄도록 설치되어 있으며, 'Priority seat [프라이오리티 씯]'이라고 쓰여있습니다. 노인공경 문화를 가진 우리나라는 교통약자에게 자발적으로 좌석을 양보하는 분위기지만, 미국은 노약자에게 자리를 양보하는 것이 법으로 지정되어 있습니다.

Have a seat. [해버 씯] = **You can sit here.** [유 캔 씯 히어얼] 여기 앉으세요.

하우　머취　이즈 더　페어얼
How much is the fare?

요금이 얼마예요?

> 명사 앞에 붙는 관사 the의 경우, 주로 화자와 청자가 이미 알고 있는 명사 앞에 붙어 '그'라는 의미를 나타내지만 해석에서는 '그'를 생략하고 자연스럽게 사용하는 경우가 많습니다.

하우　오픈　더즈 더　버스　컴
How often does the bus come?

얼마나 자주 그 버스가 오나요?

하우　매니　스탚ㅅ 이즈잍 투 더　뮤지엄
How many stops is it to the museum?

여기서 박물관까지 몇 정거장 남았나요?

＊ 거리를 묻는 표현

웨어얼　슈다이　겥 오프 포올 더　팰러ㅅ
Where should I get off for the palace?

궁전에 가려면 어디서 내려야 하나요?

엿보기 단어

how much [하우 머취] 얼마, 어느 정도
fare [페어얼] 요금
how often [하우 오픈] 얼마나 자주, 몇 번

how many [하우 매니] 몇 개
palace [팰러ㅅ] 궁전

1 이 버스 _____ 에 가나요?

Does this bus go to _____?

↳ the Golden Gate Bridge [더 골든 게잍 브맅쥐] 금문교
the Statue of Liberty [더 스태츄 옵 리버얼리] 자유의 여신상
Universal Studios [유니버슬 스튜디오ㅅ] 유니버설 스튜디오
the Empire State Building [디 엠파이어 스테잍 빌딩]
엠파이어 스테이트 빌딩

2 여기서 _____ 까지 몇 정거장 남았나요?

How many stops is it to _____?

↳ Central Park [센트럴 파앜ㅋ] 센트럴파크
the White House [더 와잍 하우ㅅ] 백악관
the Metropolitan Museum of Art
[더 메트로폴리탄 뮤지엄 옵 아앝ㅌ] 메트로폴리탄 미술관

3 _____ 에 가려면 어디서 내려야 하나요?

Where should I get off for _____?

↓ Hollywood [할리운] 할리우드
Times Square [타임스퀘어얼] 타임스 스퀘어
Millennium Park [밀레니엄 파앜ㅋ] 밀레니엄 공원
Pike Place Market [파잌 플레이ㅅ 마알켙] 파이크 플레이스 시장

대화에 알맞은 문장을 보기에서 찾아 보세요.

보기

잍 컴ㅈ 에브뤼 피브틴 미닡ㅊ

ⓐ It comes every 15 minutes.

15분마다 옵니다.

잍ㅊ 투 달러얼ㅈ 포올 언 어덜ㅌ

ⓑ It's two dollors for an adult.

어른 한 명에 2달러예요.

잍ㅊ 파입 스탚ㅅ 투 더 뮤지엄

ⓒ It's five stops to the museum.

그 박물관까지 5정거장입니다.

1. A : How much is the fare?

   B :

2. A : How often does the bus come?

   B :

3. A : How many stops is it to the museum?

   B :

정답

1 – ⓑ 2 – ⓐ 3 – ⓒ

지하철 타기

🎧 02-07

지하철은 정시에 도착하고 출발한다는 장점이 있기 때문에 여행자에게 매우 매력적인 교통수단입니다. 특히 대도시의 경우 노선이 거미줄처럼 촘촘하게 이루어져 어떤 목적지든 쉽게 찾아갈 수 있습니다. 'Where can I ~?(어디서 ~할 수 있어요?)'라는 문장을 활용해서 지하철역에서 티켓을 사고 길을 묻는 표현들을 익혀 보세요.

핵심 표현

★★★★★

웨어얼 캐나이 바이 어 티켙

Where can I buy a ticket?

티켓 을 어디서 살 수 있어요?

단어를 바꿔서 표현해 보세요.

▫ **transfer** [츄랜스퍼얼] 환승하다

▫ **get a subway map** [겔 어 섭웨이 맵]
지하철 노선도를 얻다

▫ **see a timetable** [씨 어 타임테이블] 시간표를 보다

단어

can [캔] 할 수 있다
buy [바이] 사다
ticket [티켙] 티켓

Tip ● 지하철 정기권 (Unlimited ride)
미국 지하철 자판기에서 'Unlimited ride[언리미티드 롸읻]'라는 버튼은 기간 내에 무제한으로 탈 수 있는 정기권을 말합니다. 1일권, 7일권 등 단기간에 사용할 수 있는 정기권이 있어서 여행자는 교통비를 크게 줄일 수 있습니다.

정기권 종류 : 1일 **one-day** [원데이], 3일 **3-day** [뜨뤼데이], 7일 **7-day** [쎄븐데이],

한 달 **30 day/montly** [써리 데이 / 먼쓸리]

캐나이　겥 어 원 데이　패쓰
Can I get a 1-day pass?
1일권 살 수 있나요?

웨어얼　이ㅈ 디　엑씥
Where is the exit?
출구가 어디인가요?

하우　매니　모얼　스탚ㅅ　비포올 아이 겥 오프
How many more stops before I get off?
내리기 전에 몇 정거장 더 가면 되나요?

이ㅈ 디ㅅ　더　롸잍　플랟폼　투　브롣웨이
Is this the right platform to Broadway?
브로드웨이로 가는 승강장 맞나요?

 엿보기 단어

pass [패쓰] 탑승권, 통행증　　　　　　**right** [롸잍] 올바른
before [비포올] 전에, 앞에

1 _____ 을/를 어디서 _____ 수 있어요?

Where can I   ?

scan my ticket [스캔 마이 티켙] 교통카드를 찍다
transfer to line no. 2 [츄랜스퍼얼 투 라인 넘버얼 투] 2호선으로 갈아타다
get on the train [겥 온 더 츄뤠인] 지하철에 타다
recharge my transit card [뤼차알쥐 마이 트랜짙 카알드] 교통카드를 충전하다

2 _____ 살 수 있나요?

Can I get   ?

a single ride ticket [어 씽글 롸읻 티켙] 1회 권 한 장
a 3-day ticket [어 뜨뤼 데이 티켙] 3일 이용권 한 장
a 7-day ticket [어 쎄븐 데이 티켙] 7일 이용권 한 장
a monthly ticket [어 먼쓸리 티켙] 한 달 이용권 한 장

3 _____ 이/가 어디인가요?

Where is   ?

the ticket window [더 티켙 윈도우] 매표소
a vending machine [어 벤딩 머쉰] 자동판매기
the restroom [더 뤠스트룸] 화장실
platform 5 [플랱폼 파입] 5번 승강장

보기

ⓐ 잍ᄎ 뜨뤼 스탚ᄉ 어웨이 프롬 히어얼
It's 3 stops away from here.
여기서 3정거장 남았어요.

ⓑ 데어얼 아알 티켙 머쉰ᄉ 인 프론ㅌ 옵 더 게잍
There are ticket machines in front of the gate.
개찰구 앞에 티켓판매기가 있어요.

ⓒ 노 유 슏 테잌 더 츄뤠인 온 디 아더얼 싸읻
No, you should take the train on the other side.
아니요, 당신은 반대편에서 지하철을 타야 해요.

1. A : Is this the right platform to Broadway?

   B :

2. A : How many more stops before I get off?

   B :

3. A : Where can I buy a ticket?

   B :

정답

1 − ⓒ   2 − ⓐ   3 − ⓑ

지하철 노선 구분 표현

미국은 지하철 노선에 숫자를 붙여서 2호선, 3호선으로 구분하는 우리나라와 다르게 색깔로 노선명을 구분하고 있습니다. 한국에 여행 온 미국인들이 서울의 2호선, 3호선을 'green line, orange line'으로 부르는 이유가 이때문입니다.

Blue Line [블루 라인]

Red Line [뤠드 라인]

Brown Line [브라운 라인]

Purple Line [퍼플 라인]

Yellow Line [옐로우 라인]

Orange Line [오렌지 라인]

Green Line [그린 라인]

Pink Line [핑크 라인]

 회화로 익히기

위춰 라인 슈 아이 테일 포올 씨리 홀
A : Which line should I take for City Hall?　시청으로 가려면 무슨 호선을 타야 하나요?

유 슈 테일 더 그린 라인
B : You should take the Green line.　초록색 라인을 타야 합니다.

버스, 지하철에서 만나는 New Words

대중교통을 이용하면 누구나 쉽게 알아볼 수 있도록 간단한 영어 표지판을 볼 수 있습니다. 표지판의 몇 가지 표현만 정확히 알아도 초행길에서 길을 한 번 더 묻는 수고를 덜 수 있습니다. 위치를 안내하는 대표적인 표현을 익혀 보세요.

● 표지판

Entry / Entrance / Way in [엔트뤼 / 엔트뤤ㅅ / 웨이 인]	입구
Exit / Way out [엑씯 / 웨이 아웉]	출구
Gate [게읻]	개찰구
Express train [익스프뤠스 츄뤠인]	급행 열차 (주요 역에만 서는 열차)
Local train [로컬 츄뤠인]	로컬 열차 (모든 역에 서는 일반 열차)
Two levels down [투 레벨ㅅ 다운]	2층 아래로
Tickets [티켙ㅊ]	표 사는 곳

택시 타기

택시는 비싼 이동 수단이지만 목적지까지 편리하고 정확하게 갈 수 있기 때문에 길을 찾기 어려울 때는 택시를 이용하는 것이 안전합니다. 목적지를 말하는 것부터 추가 서비스 요청하기까지 다양한 표현을 익혀 보세요.

테일 미 투 디스 어드레스 플리즈

Take me to **this address**, please.

이 주소 로 가주세요.

단어를 바꿔서 표현해 보세요.

□ **O'Hare Airport** [오헤어얼 에어포올트] 오헤어 공항

□ **Union Station** [유니언 스테이션] 유니온 역

□ **Adam Street and Michigan Avenue**
[애담 스트릳 앤 미쉬간 애비뉴] 아담 스트리트와 미시간 애비뉴의 교차로
↳ 길 이름으로 위치를 말하는 미국의 경우, 두 길의 교차로를 목적지로 말합니다.

단어

to [투] ~으로
address [어드레스] 주소

미국의 택시 외부를 보면 'Driver carries only $5.00 change. [드롸이버얼 캐리스 온리 파입 달러즈 췌인쥐](택시 기사는 오직 5불의 거스름돈만 가지고 있습니다.)'라는 문구를 종종 볼 수 있습니다. 안전을 이유로 현금을 많이 가지고 다니지 않기 때문입니다. 택시 이용 후 팁은 요금의 15%~20% 정도가 적당하며, 적은 금액의 거스름돈을 팁으로 대체하는 것을 추천합니다.

Keep the change. [킾 더 췌인쥐]   거스름돈은 가지세요. (거스름돈은 필요 없습니다.)

캔 유 오픈 더 츄렁ㅋ 플리ズ

Can you open the trunk, please?

트렁크 열어 주시겠어요?

스텝 온 잍 플리ズ

Step on it, please.

빨리 가주세요.

렡 미 겥 오ㅍ 히어얼

Let me get off here.

여기서 내릴게요.

왘츠 더 페어얼

What's the fare?

요금이 얼마예요?

 **엿보기 단어**

step on [스텝 온]
(페달을) 세게 밟다, 차를 빨리 몰다

fare [페어얼] 요금

1 ＿＿＿＿＿＿＿ 이 얼마예요?

What's the ＿＿＿＿＿＿＿＿＿＿＿＿＿ ?

↳ basic rate [베이짙 뤠일] 기본요금
extra charge [엑스트라 촤아알쥐] 추가요금
fare to the airport? [페어얼 투 디 에어포올트] 공항까지의 요금
fare to this place [페어얼 투 디ㅅ 플레이ㅅ] 이 장소까지의 요금

2 ＿＿＿＿＿＿＿ 내릴게요.

Let me get off ＿＿＿＿＿＿＿＿＿＿ .

↳ over there [오버얼 데어얼] 저기서
in front of that building [인 프론ㅌ 옵 댇 빌딩] 저기 건물 앞에서
by that store [바이 댇 스토어얼] 저 가게 옆에서
at the next light [앹 더 넥스ㅌ 라잍] 다음 신호등에서

3 ＿＿＿＿＿＿＿ 해주시겠어요?

Can you ＿＿＿＿＿＿＿＿＿＿ , please?

↳ slow down [슬로우 다운] 천천히 가다
go faster [고 패스터얼] 빨리 가다
turn off the heater [턴 오ㅍ 더 히러얼] 히터를 끄다
turn on the air conditioner [턴 온 디 에어얼 컨디셔너얼] 에어컨 틀다

보기

ⓐ **Your total is $10.25.**
유어얼 토럴 이ㅈ 텐 달러얼ㅈ 앤 투웬티 파입 센ㅊ
전부 10달러 25센트입니다.

ⓑ **No problem.**
노 프라블럼
그러세요. (전혀 문제 되지 않아요.)

ⓒ **All right.**
올 라잍
알겠습니다.

1. A : What's the fare?

   B :

2. A : Can you open the trunk, please?

   B :

3. A : Let me get off here.

   B :

기차 타기

🎧 02-11

국토가 넓은 나라에서는 기차로 국가 전역을 다닐 수 있도록 오래 전부터 교통이 발달했습니다. 특히 미국의 LA, 시카고와 같은 대도시의 경우 도심과 외곽지역을 잇는 통근열차가 활발하게 운영되고 있습니다. 'How much is ~?'를 활용해서 티켓 구매 표현을 익혀 보세요.

핵심 표현

하우　머취　이즈 어　원　웨이　티켙　투　엘에이

How much is a one-way ticket to LA?

엘에이(LA)로 가는 편도 티켓 한 장은 얼마입니까?

단어를 바꿔서 표현해 보세요.

▫ round-trip ticket [라운드츄립 티켙] 왕복

▫ 10-ride ticket [텐롸읻 티켙] 10회 권

▫ monthly unlimited pass [먼쓸리 언리미티드 패쓰]
　한 달 무제한 이용권

단어

how much is
[하우 머취 이즈] ~은 얼마입니까?

one-way ticket
[원웨이 티켙] 편도 티켓

LA [엘에이] 미국 서부 대도시
(Los Angeles [로스 앤젤레스]의
줄임 표현)

Tip 통근열차에는 좌석이 위, 아래층으로 나뉘어 자유롭게 앉을 수 있습니다. 반면 각 도시를 잇는 기차는 좌석에 등급이 구분되어 있습니다. 좌석은 보통 '특실(first class [퍼얼스트 클래쓰]), 비즈니스석(business class [비즈니스 클래쓰]), 일반석(couch class [카우취 클래쓰])'이 있습니다. 이외에도 장기 여행 시, 식당칸(dining car [다이닝 카알])과 침대칸(sleeping car [슬리핑 카알])도 이용할 수 있습니다.

투 롸운드츄립 티켙츠 투 다운타운 플리즈
Two round-trip tickets to downtown, please.
시내로 가는 왕복표 2장 주세요.

이즈 디ㅅ 더 츄뤠인 포올 뉴욕
Is this the train for New York?
이거 뉴욕행 기차인가요?

이즈 디ㅅ 씯 테이큰
Is this seat taken?
여기 자리 있나요?

아임 쏘리 벋 쿠쥬 무브 유어얼 스터프
I'm sorry, but could you move your stuff?
죄송하지만, 짐을 옮겨주실 수 있나요?

> move는 기본적으로 '움직이다'라는 뜻이지만, 물건과 같이 나오는 경우 '옮기다'라는 뜻으로 쓰입니다.

 엿보기 단어

downtown [다운타운] 시내, 도심지
seat [씯] 자리, 좌석

move [무브] 옮기다
stuff [스터프] 물건

1 엘에이(LA)로 가는 _____ 은 얼마입니까?

How much is   to LA?

⤷ the fare [더 페어얼] 요금
it for an adult [잍 포올 언 어덜ㅌ] 어른 요금
it for a child [잍 포올 어 촤일ㄷ] 어린이 요금
it for a student [잍 포올 어 스튜던ㅌ] 학생 요금

2 이거 _____ 행 기차인가요?

Is this the train for   ?

⤷ Seattle [씨애를] 시애틀
Boston [바스튼] 보스턴
San Francisco [샌프란씨스코] 샌프란시스코
Las Vegas [라ㅅ 베이거ㅅ] 라스베이거스

3 죄송하지만, _____ 을/를 해주시겠어요?

I'm sorry, but could you   ?

보통 물건을 움직여 달라고 할 때 move를 쓰지만, 옆 승객과 가까이 붙어있게 되었을 때, 팔 또는 다리를 움직여 달라는 정중한 표현으로도 사용할 수 있습니다.

move your bag [무ㅂ 유어얼 백] 당신의 가방을 옮기다
change your seat [췌인쥐 유어얼 씯] 당신의 좌석을 바꾸다
move your arm [무ㅂ 유어얼 암] 당신의 팔을 움직이다
move your leg [무ㅂ 유어얼 렉] 당신의 다리를 움직이다

대화에 알맞은 문장을 보기에서 찾아 보세요.

예쓰 잍 이즈 애프터얼 유
ⓐ Yes, it is. After you.
네. 맞아요. 먼저 타세요.

히어얼 유 고우
ⓑ Here you go.
여기 있습니다.

아이 돈(트) 띵ㅋ 쏘 유 캔 테익 잍
ⓒ I don't think so. You can take it.
그렇지 않은 것 같아요. 그 자리 앉으셔도 돼요.

1. A : Is this seat taken?

   B :

2. A : Is this the train for New York?

   B :

3. A : Two round-trip tickets to downtown, please.

   B :

정답
1 – ⓒ   2 – ⓐ   3 – ⓑ

이동 수단 이용 표현

'이동 수단을 타다'라는 영어 표현은 상황에 따라서 각각 다르게 표현합니다. 한국어와 영어를 1:1 대응 시켜서 말하면 실제 상황에서는 어색한 문장 표현이 될 수 있으므로, 상황을 머릿속으로 상상하며 전체 문장을 그대로 익히는 것이 자연스럽습니다.

이용하다, 타다 (＊ 가장 많이 쓰는 표현)	take [테익]	Take the subway. [테익 더 써브웨이] 전철을 타다.
승/하차하다 (자동차 제외)	get on [겟 온] get off [겟 오ㅍ]	Get on the bus. [겟 온 더 버스] 버스를 타다.
승/하차하다 (자동차에서)	get in [겟 인] get out of [겟 아웉 옵]	Get in the cab. [겟 인 더 캡] 택시에 타다.
타다 (주로 이륜차)	ride [롸읻]	Ride a motorcycle. [롸읻 어 모터얼싸이클] 오토바이를 타다.
타다 (비행기, 배)	board [보올드]	Board the plane. [보올드 더 플레인] 비행기에 타다.
(빠르게 올라) 타다	hop in [홒 인]	Hop in my car. [홒 인 마이 카알] 내 차에 (빠르게 올라) 타다.

 회화로 익히기

웨어얼 캐나이 겟 온 디ㅅ 츄뤠인
A : Where can I **get on** this train?

이 기차를 타려면 어디로 가야 하나요?

유   슏   테익   더   츄뤠인 온   플랩폼   투
B : You should take the train on platform 2.

2번 승강장에서 기차를 타야 합니다.

기차에서 만나는 New Words

기차는 연착/지연되는 일이 적고 특유의 분위기로 유럽여행이나 미국 전국 일주 시 여행수단으로 여전히 인기가 많습니다. 창밖의 풍경을 한눈에 감상할 수 있고 식당과 카페 칸에서는 다른 여행객과 대화를 나누며 갈 수 있는 장점도 있습니다. 기차 이용에 필요한 서비스 및 시설에 대한 표현을 익혀 보세요.

on board [온 보올드]	탑승 중
baggage check in [배기쥐 첵 인]	수화물 수속
seat assignments [씯 어싸인먼츠]	좌석 배정
unreserved [언뤼저얼브드]	비지정, 예약되지 않은 (자유석)
(electrical) outlet [일렉트리컬 아울렡]	콘센트
sleeper [슬리퍼얼]	(기차의) 침대차
crew [크루]	승무원
beverage [베버리쥐]	음료

공항 1 (체크인하기)

🎧 02-13

공항에 도착해서 체크인하는 과정은 설렘과 동시에 긴장감을 줍니다. 수속을 진행하는 과정에 필요한 필수 표현들을 익혀 보세요.

핵심 표현

아이 햅 투 백ㅅ 투 첵 인

I have two bags to check in.

체크인할 가방 2개 가 있습니다.

단어를 바꿔서 표현해 보세요.

- two suitcases [투 쑽케이시ㅅ] 여행 가방 2개
- one bag [원 백] 가방 한 개
- two pieces of luggage [투 피씨ㅅ 옵 러기쥐]
  수하물 2개

단어

have [햅] 갖다, 먹다
two [투] (숫자) 2, 둘
bags [백ㅅ] 가방들

Tip ● luggage 앞에 two pieces of의 의미
'짐'을 의미하는 luggage[러기쥐] 또는 baggage[배기쥐]는 셀 수 없는 물건으로, 수하물이 모여 있는 집단 전체를 의미합니다. 그러므로 짐이 몇 개인지 표현할 때는 baggage 앞에 단위 명사인 piece of[피쓰 옵]과 몇 개인지 숫자를 붙여서 수량을 표현할 수 있습니다. two pieces of 외에 two suitcases[투 쑽케이시시], two bags[투 백ㅅ]와 같은 표현도 있습니다.

아일 라잌 어 윈도우 씰 플리ㅈ
I'd like a window seat, please.

창가 좌석 주세요.

캐나이 테잌 디ㅅ 온 더 플레인
Can I take this on the plane?

이것을 기내로 가져갈 수 있나요?

하우 머취 이ㅈ 디 엑스트롸 촤아알쥐
How much is the extra charge?

추가 요금이 얼마입니까?

익스큐스 미 웨어얼 이ㅈ 게잍 일레븐
Excuse me, where is gate 11?

실례합니다, 11번 게이트가 어디인가요?

 **엿보기 단어**

window seat [윈도우 씰] 창가 좌석

1 실례합니다, _____ 이/가 어디인가요?

Excuse me, where is _____?

↪ the check-in counter [더 첵인 카운터얼] 탑승 수속 창구
the duty-free shop [더 듀리 프뤼 샵] 면세점
the lost and found [더 로스ㅌ 앤 파운ㄷ] 분실물 보관소
the restroom [더 뤠스트룸] 화장실

2 _____ 주세요.

I'd like _____, please.

↪ an aisle seat [언 아일 씰] 통로 쪽 좌석 하나
an exit row seat [언 엑씰 로우 씰] 비상구 좌석 하나
a front row seat [어 프론ㅌ 로우 씰] 앞 좌석 하나
a middle seat [어 미들 씰] 중간 좌석 하나

3 _____ 을/를 기내로 가져갈 수 있나요?

Can I take _____ on the plane?

↪ this medicine [디ㅅ 메디슨] 이 약
this lotion [디ㅅ 로션] 이 로션
this alcohol [디ㅅ 알커홀] 이 주류
these batteries [디ㅈ 배러뤼ㅅ] 이 전지들

대화에 알맞은 문장을 보기에서 찾아 보세요.

있ᄎ 트웬티파입 달러얼ᄌ 퍼얼 킬로
ⓐ It's 25 dollars per kilo.

kg당 25달러입니다.

오케이 아일 게츄 언 아일 씰
ⓑ Okay, I'll get you an aisle seat.

네, 통로 좌석 드리겠습니다.

오케이 애니띵 엘ᄉ
ⓒ Okay, anything else?

네, 또 다른 것이 있나요?

1. A : I have two bags to check in.

   B :

2. A : How much is the extra charge?

   B :

3. A : I'd like an aisle seat, please.

   B :

1 – ⓒ   2 – ⓐ   3 – ⓑ

공항 서비스 이용하기

🎧 02-15

장시간 비행기를 타는 것은 쉽지 않은 일이기 때문에 항공사는 승객이 편리하게 이용할 수 있는 다양한 서비스를 갖추고 있습니다. 기내에서 필요한 것을 적절하게 요청한다면 여행의 질이 한 단계 올라갈 수 있습니다. 'Can I have ~?'을 활용해서 승무원에게 요청하는 표현을 익혀 보세요.

 핵심 표현

캐나이   햅   썸   워러얼

Can I have some water?

물 좀 주실래요?

단어를 바꿔서 표현해 보세요.

- a blanket [어 블랭킽] 담요
- earplugs [이어얼플러그즈] 귀마개
- a pen [어 펜] 펜

단어

can I have [캐나이 햅]
~을 주실래요?
some [썸] 조금의
water [워러얼] 물

 Tip 비행 중 'Would you like some more juice? [우쥬 라잌 썸 모울 주씨] (주스 더 드릴까요?)'라는 질문을 듣기도 합니다. 이때 간단히 'Yes, please. [예쓰 플리즈] (네, 부탁합니다.)'라고 대답하거나 'No, thanks. [노 땡씨] (아니요, 괜찮습니다.)'라고 완곡히 거절할 수 있습니다.

캔 유 헬ㅍ 미 파인ㄷ 마이 씯

Can you help me find my seat?

제 자리 찾는 것을 도와주실래요?

익스큐스 미 아이 띵ㅋ 디ㅅ 이ㅈ 마이 씯

Excuse me, I think this is my seat.

죄송하지만, 제 좌석인 것 같아요.

두 유 마인ㄷ 이ㅍ 아이 뤼클라인 마이 씯

Do you mind if I recline my seat?

제 의자를 뒤로 젖혀도 될까요? (제가 의자 뒤로 젖히는 것이 언짢으세요?)

아일 햅 브뤠ㄷ

I'll have bread.

저는 빵을 먹겠습니다.

 **엿보기 단어**

find [파인ㄷ] 찾다

do you mind [두 유 마인ㄷ] ~해도 될까요?

I think [아이 띵ㅋ] ~라고 생각하다

1   주실래요?

Can I have   ?

→ another customs form [어나더얼 커스텀ㅈ 폼] 세관신고서 하나 더
another arrival form [어나더얼 어롸이블 폼] 입국 신고서 한 장 더
a sleeping mask [어 슬리핑 매스ㅋ] 수면용 안대
tissue paper [티슈 페이퍼얼] 화장지
toilet paper [토일렡 페이퍼얼] 화장실용 휴지

2 저는   을/를 먹겠습니다.

I'll have   .

→ chicken [취킨] 닭고기
beef [비ㅍ] 소고기
pork [포올ㅋ] 돼지고기
fish [피쉬] 생선

3   을 도와주실래요?

Can you help me   ?

→ lift my bag [리프ㅌ 마이 백] 내 가방을 들어올리다
change my seat [췌인지 마이 앁] 내 자리를 바꾸다
wake up at dinner time [웨잌 업 앹 디너얼 타임]
저녁시간에 일어나다
fill out this form [필 아웉 디ㅅ 폼] 이 서식을 작성하다

보기

오케이　메이 아이 씨 유어얼　보올딩·　패쓰　플리즈
ⓐ Okay. May I see your boarding pass, please?

네. 당신의 탑승권을 볼 수 있을까요? (탑승권 좀 보여주시겠습니까?)

슈어얼 아일　게츄　원
ⓑ Sure. I'll get you one.

물론이죠. 하나 가져다드릴게요.

노　아이 돈(ㅌ)　마인ㄷ
ⓒ No, I don't mind.

아니요, 저는 언짢지 않습니다. (네, 그러세요.)

1. A : Can I have a blanket?

   B :

2. A : Can you help me find my seat?

   B :

3. A : Do you mind if I recline my seat?

   B :

정답

1 – ⓑ　　2 – ⓐ　　3 – ⓒ

공항 2 (입국심사하기)

입국심사는 자주 입국하는 사람에게도 까다로운 절차입니다. 엄격하게 이뤄져야 하는 절차이기 때문에 입국 심사관은 대부분 경직된 표정으로 질문합니다. 다행인 것은 심사관의 질문이 정해져 있다는 것입니다. 질문에 명확히 대답하고 왕복 항공권을 가지고 있으면 무리 없이 통과할 수 있습니다.

핵심 표현

아임   히어얼   포올   싸잍씨잉

I'm here for sightseeing.

나는 여기에 관광 왔습니다.

단어를 바꿔서 표현해 보세요.

▫ **vacation** [베이케이션] 휴가

▫ **a business trip** [어 비즈니스 츄륍] 출장

▫ **a check-up** [어 첵 업] 건강검진

단어

here [히어얼] 여기에
for [포올] ~을 위해
sightseeing [싸잍씨잉] 관광

Tip

● Do you have a return ticket?
방문 목적을 묻는 것과 함께 필수로 듣게 되는 것은 'Do you have a return ticket? [두 유 해버 뤼턴 티켙](왕복 티켓이 있어요?)'라는 표현입니다. 머무는 기간이 확실하게 정해져 있는지 확인하는 질문입니다. 목적, 숙소, 출국하는 날짜 등이 명확하다면 입국심사는 매우 간단하게 통과할 수 있습니다. 왕복 티켓과 함께 숙소 주소를 메모해 두는 것을 추천합니다.

디ㅅ 이ㅈ 마이 퍼얼스ㅌ 타임
This is my first time.
처음입니다.

아임 어 뤼타이어얼ㄷ 티쳐얼
I'm a retired teacher.
퇴직한 교사입니다.

아임 고우잉 투 스테이 포올 텐 데이ㅈ
I'm going to stay for ten days.
10일 동안 체류할 예정입니다.

아임 스테잉 앹 디ㅅ 호텔
I'm staying at this hotel.
이 호텔에서 머물 겁니다.

 엿보기 단어

retired [뤼타이어얼ㄷ] 은퇴한, 퇴직한   stay [스테이] 머무르다, 체류하다
teacher [티쳐얼] 교사

1   입니다.

I'm   .

⋯⋯▸ a student [어 스튜던ㅌ] 학생
a teacher [어 티처얼] 교사
a housewife [어 하우쓰와잎] 주부
an office worker [언 오피ㅆ 월커얼] 회사원

2   에서 머물 겁니다.

I'm staying at   .

⋯⋯▸ my relative's house [마이 뤨러티브ㅈ 하우ㅅ] 내 친척 집
my friend's place [마이 프렌ㅈ 플레이ㅅ] 내 친구 집
this guest house [디ㅅ 게스ㅌ 하우ㅅ] 이 게스트 하우스
my daughter's house [마이 도러얼ㅈ 하우ㅅ] 내 딸의 집

3   동안 체류할 예정입니다.

I'm going to stay for   .

⋯⋯▸ five days [파이ㅂ 데이ㅈ] 5일
one week [원 윌] 1주일
two weeks [투 윜ㅅ] 2주일
a month [어 먼ㅆ] 한 달

보기

해뷰 에버얼 빈 투 더 유에쓰 비포올
ⓐ Have you ever been to the U.S. before?

미국에 와 보신 적 있나요?

하우 롱 윌 유 스테이 히어얼
ⓑ How long will you stay here?

여기에 얼마나 오래 머무를 건가요?

왇 이즈 더 펄포즈 옵 유어얼 비짓
ⓒ What is the purpose of your visit?

당신의 방문 목적이 무엇입니까?

1. A :

   B : I'm here for sightseeing.

2. A :

   B : No, this is my first time.

3. A :

   B : I'm going to stay for ten days.

정답

1 – ⓒ   2 – ⓐ   3 – ⓑ

공항 3 (짐 찾기, 세관 신고하기)

🎧 02-19

설레는 마음으로 여행지에 발을 내딛지만, 본격적으로 여행을 시작하기 전 짐을 찾고 세관 신고를 통과해야 합니다. 'Where can I find ~?(~은 어디서 찾나요?)'를 활용해서 물건 또는 위치를 질문하는 표현을 익혀 보세요.

핵심 표현

웨어얼 캐나이 파인ㄷ 마이 러기쥐

Where can I find **my luggage**?

내 가방 은 어디서 찾나요?

단어를 바꿔서 표현해 보세요.

▫ **the lost and found** [더 로스ㅌ 앤 파운ㄷ] 분실물 취급소

▫ **a baggage cart** [어 배기쥐 카알ㅌ] 수하물 카트

▫ **the luggage from flight KE053**
[더 러기쥐 프롬 플라잍 케이이오파입뜨뤼] KE053편으로 온 짐

단어

where [웨어얼] 어디
find [파인ㄷ] 찾다
luggage [러기쥐] 짐, 수하물

Tip

● 수하물 영수증 (baggage claim tag)
수하물이 분실됐을 때 꼭 필요한 것은 '수하물 영수증(baggage claim tag [배기쥐 클레임 택])'입니다. 영수증을 수하물 데스크에 보여주고 숙소와 인적 사항을 기재하면 빠른 시일 내에 수하물이 숙소로 배달됩니다. 파손된 경우도 보상받을 수 있기 때문에 짐을 부치기 전 사진을 미리 찍어 두는 것을 추천합니다.

My baggage is broken. [마이 배기쥐 이즈 브로큰]　　　가방이 손상됐어요.

마이　　러기쥐　　해즌(ㅌ)　컴　　아웉　옐
My luggage hasn't come out yet.

제 짐이 아직 안 나왔네요.

아이 띵ㅋ　마이　　배기쥐　이ㅈ　미씽
I think my baggage is missing.

제 짐이 사라진 것 같아요.

아이 햅　　썸띵　　투 디클레어얼
I have something to declare.

(세관) 신고할 물건이 있습니다.

디ㅅ 이ㅈ 마이　　펄스널　　빌롱잉
This is my personal belonging.

이건 제 개인 소지품입니다.

 엿보기 단어

come out [컴 아웉] 나오다
yet [옐] 아직
missing [미씽] 없어진, 실종된

declare [디클레어얼] (과세 물품을) 신고하다
personal belonging [펄스널 빌롱잉] 개인 소지품

1 제 짐이 _____ 것 같아요.

I think my baggage is _____ .

⌐→ broken [브로큰] 부서진, 손상된
　　damaged [데미쥐ㄷ] 손상된
　　not here [낱 히어얼] 여기 없는
　　lost [로스트] 잃어버린

2 이건 _____ 입니다.

This is _____ .

⌐→ my personal item [마이 펄스널 아이템] 나의 개인 용품
　　a used one [어 유즌 원] 사용한 것
　　a souvenir [어 수베니얼] 기념품
　　a gift for my family [어 기프ㅌ 포올 마이 패밀리] 가족들을 위한 선물

3 _____ 이/가 있습니다.

I have _____ .

⌐→ one carton of cigarettes [원 카알톤 옵 시가렡ㅊ] 담배 한 보루
　　one bottle of whiskey [원 바를 옵 위스키] 위스키 한 병
　　a bottle of perfume [어 바를 옵 퍼퓸] 향수 한 병
　　nothing to declare [나띵 투 디클레어얼] 신고할 것이 없음

보기

ⓐ 두 유 해뷰어얼 배기쥐 클레임 티켙
Do you have your baggage claim ticket?
수하물 영수증 갖고 계시나요?

ⓑ 오케이 캔 유 쇼 미 디 아이템
Ok. Can you show me the item?
알겠습니다. 그 물품을 저에게 보여주겠습니까?

ⓒ 잍츠 온 츄랙 포올
It's on track 4.
그것은 4번 트랙에 있습니다.

1. A : My luggage hasn't come out yet.

   B :

2. A : Where can I find my luggage?

   B :

3. A : I have something to declare.

   B :

정답   1 – ⓐ   2 – ⓒ   3 – ⓑ

 문화탐방

세관신고서 쓰기

미국 여행 때 쓰던 입국 신고서는 비자면제 프로그램인 **ESTA**가 실시되면서 없어졌습니다. 입국 신고서와 함께 쓰던 세관신고서는 아직 남아있지만 몇몇 도시에서는 키오스크로 사전에 작성하거나 세관신고서도 생략하고 인터뷰로 끝내는 경우도 있습니다. 국적기를 탄 경우에는 한글 세관신고서를 받지만, 다른 나라 비행기를 탄 경우에는 영어로 된 미국 세관신고서를 받습니다. 미국 세관신고서 양식과 작성법을 익혀 보세요.

Customs Declaration
FORM APPROVED
OMB NO.1651-0009

19 CFR 122.27, 148.12, 148.13, 148.110, 148.111, 19 USC 1498; 31 CFR 5316

Each arriving traveler or responsible family member must provide the following information (only ONE written declaration per family is required). The term "family" is defined as "members of a family residing in the same household who are related by blood, marriage, domestic relationship, or adoption."

1 Family **Name** 이름의 성
First (Given) 이름 중간 자   Middle 이름 중간 끝자
2 Birth date생일 Month 월   Day 일   Year 년
3 Number of **Family members** traveling with you 동행인 수 (○○명)
4 (a) U.S. Street Address (hotel name/destination)
미국 내 체류할 주소 (호텔 이름 / 목적지)
(b) City (도시 이름)   (c) State (주 이름)
5 **Passport issued by** (country) 여권 발행 국가 (KOREA)
6 **Passport number** 여권 번호
7 Country of **Residence** 거주 국가 (KOREA)
8 **Countries visited** on this 미국에 도착 전 방문한 국가
trip prior to U.S. arrival
9 **Airline/Flight No.** or Vessel Name 항공사/항공편명
10 The primary purpose of this trip is **business**:   Yes   No
11 I am (We are) bringing
(a) fruits, vegetables, plants, seeds, food, insects: Yes   No
(b) meats, animals, animal/wildlife products: Yes   No
(c) disease agents, cell cultures, snails: Yes   No
(d) soil or have been on a farm/ranch/pasture: Yes   No
12 I have (We have) been in close proximity of **livestock**:   Yes   No
(such as touching or handling)
13 I am (We are) carrying **currency or monetary instruments**
over $10,000 U.S. or foreign equivalent: Yes   No
(see definition of monetary instruments on reverse)
14 I have (We have) **commercial merchandise**:   Yes   No
(articles for sale, samples used for soliciting orders,
or goods that are not considered personal effects)
15 **RESIDENTS**—the total value of all goods, including commercial merchandise I/we have purchased or acquired abroad, (including gifts for someone else but not items mailed to the U.S.) and am/are bringing to the U.S. is: $
VISITORS—the total value of all articles that will remain in the U.S., including commercial merchandise is: $

Read the instructions on the back of this form. Space is provided to list all the items you must declare.

I HAVE READ THE IMPORTANT INFORMATION ON THE REVERSE SIDE OF THIS FORM AND HAVE MADE A TRUTHFUL DECLARATION.

X 사인   날짜
Signature   Date (month/day/year)

※ **모든 글자는 알파벳 대문자로 기입합니다.**

↬ 이름이 '홍길동(HONG GIL-DONG)'이라면,
Family Name : HONG, First(given) : GIL
Middle : DONG

↬ 나를 제외한 동행인의 수를 적습니다. 없다면 0을 씁니다.

↬ **120 EAST DELAWARE PLACE, CHICAGO, ILLINOIS, USA**라면,
(a) : 120 EAST DELAWARE PLACE
(b) : CHICAGO
(c) : ILLINOIS

↬ 여행 목적이 비즈니스인지 묻는 질문 : 관광이라면 No에 체크

↬ 본인의 반입 물품
(a) 과일, 채소, 식물, 씨앗, 음식, 곤충 / (b) 육류, 동물, 동물/야생생물 제품
(c) 병원체, 세포 배양물, 달팽이류 / (d) 흙 또는 농장/목장/목초지 방문

↬ 가축 등과 가까이하거나 소지한 것이 있는지 묻는 질문

↬ $10,000 이상 또는 그와 동등한 가치의 외화 소지 여부를 묻는 질문

↬ 시판용 상품 소지 여부를 묻는 질문

↬ '거주자'가 작성 : 미국으로 가지고 오는 물품의 총 금액(가치)
↬ '방문자'가 작성 : 미국에 남겨둘 모든 물건의 총 금액(가치)
(시판용 상품, 선물용 모두 포함)

↬ 날짜는 '월-일-년' 순서로 적습니다.
2022년 5월 2일 → 05/02/2022

공항과 기내에서 만나는 New Words

● 공항

Arrivals [어롸이벌ㅈ]	도착	Lost & Found [로스트 앤 파운드]	분실물 취급소
Departures [디파알철ㅅ]	출발	Check-in [첵인]	탑승수속(대)
Transfer [츄랜스퍼얼]	환승	Immigration [이미그레이션]	출입국관리소
Baggage claim [배기쥐 클레임]	수화물 찾는 곳	Customs inspection [커스텀ㅈ 인스펙션]	세관 검사

● 기내

flight attendant [플라잍 어텐던ㅌ]	승무원	aisle [아일]	통로 (자리)
lavatory [래버토뤼]	화장실 (비행기 화장실)	seat belt [앁 벨ㅌ]	안전벨트
occupied [오큐파읻]	사용 중	overhead compartment [오버얼헫 컴파알트먼ㅌ]	머리 위 짐칸
vacant [베이컨ㅌ]	비어 있는	window shade [윈도우 쉐읻]	창문 덮개
window [윈도우]	창문 (자리)	tray table [츄레이 테이블]	선반

음식점 1 (예약하기)

🎧 02-21

음식점을 예약할 때 인원 수에 맞게 좌석을 정하거나 필요한 사항을 주문하기 위해서는 'We need ~.(우리는 ~이 필요하다.)'의 어휘를 활용할 수 있습니다. 음식점에서 자주 쓰이는 다양한 표현을 익혀 보세요.

 핵심 표현

_위 _닏 _어 _{테이블} _{포올} _{파입}

We need **a table for five**.

우리는 **5인용 테이블** 이 필요합니다.

단어를 바꿔서 표현해 보세요.

▫ **two tables for eight** [투 테이블즈 포올 에잍]
8인용 테이블 2개

▫ **a table for two adults and two kids**
[어 테이블 포올 투 어덜츠 앤 투 키즈]
성인 2명과 어린이 2명을 위한 테이블

단어

we [위] 우리
need [닏] 필요하다
table [테이블] 테이블
five [파입] (숫자) 5, 다섯

 Tip ● 레스토랑 입장 시 에티켓

레스토랑에 들어가면 'Please wait to be seated.[플리즈 웨잍 투 비 씨티ㄷ](기다려주시면 안내해드리겠습니다.)'라는 안내판을 볼 수 있습니다. 미국은 담당 점원이 입구로 찾아와서 자리를 안내하고 그 자리의 주문을 전담합니다. 담당 점원이 오면 간단한 인사 후 자리 요청을 하면 됩니다.

How many in your party? [하우 매니 인 유어얼 파알티] 일행이 몇 명인가요?

A party of three. [어 파알티 옵 뜨뤼] 3명입니다.

아읻 라읶 투 붘 어 테이블 포올 투나읻

I'd like to book a table for tonight.

오늘 밤을 위한 테이블 하나를 예약하고 싶습니다.

> book은 명사로 '책'을 뜻하지만, 동사로 '예약하다'라는 뜻을 가집니다.

캔 유 풑 미 온 더 웨이링 리슽

Can you put me on the waiting list?

저를 대기 목록에 넣어줄 수 있나요?

잍츠 언더얼 선영

It's under Sun-young.

'선영'이라는 이름으로 예약했어요.

> under는 '아래에'라는 뜻 이외에 뒤에 이름이 나오면, '~라는 이름으로'라고 해석합니다.

어 윈도우 테이블 플리ㅈ

A window table, please.

창가 자리로 부탁합니다.

엿보기 단어

book [붘] 예약하다

under [언더얼] ~라는 이름으로

waiting list [웨이링 리슽] 대기자 명단

1 _____ (으)로 부탁합니다.

_____, please.

→ Non-smoking table [넌 스모킹 테이블] 금연석
Table by the window [테이블 바이 더 윈도우] 창가 좌석
Quiet table [콰이얼 테이블] 조용한 곳
Table in the corner [테이블 인 더 코오너얼] 구석 자리

어떤 좌석을 선호하는지 물어보는 질문에 대답으로 이렇게 말할 수 있습니다.

2 _____ 을/를 위한 테이블 하나를 예약하고 싶습니다.

I'd like to book a table for _____.

→ dinner [디너얼] 저녁 식사
lunch [런취] 점심 식사
7 p.m. [쎄븐 피엠] 오후 7시
this Friday [디ㅅ 프라이데이] 이번 주 금요일

3 _____ 해 줄 수 있나요?

Can you _____?

→ confirm my reservation [컨펌 마이 뤠져얼베이션] 예약을 확인하다
change my reservation [체인쥐 마이 뤠져얼베이션] 예약을 변경하다
cancel my reservation [캔슬 마이 뤠져얼베이션] 예약을 취소하다
make a reservation [메일 어 뤠져얼베이션] 예약을 하다

보기

하우 매니 인 유어얼 파알티
ⓐ How many in your party?

일행이 몇 명인가요?

party는 '연회, 파티'라는 인식이 강하지만, 일상생활에서 '일행'이란 의미로도 자주 사용합니다.

디쥬 메일 어 뤠져얼베이션
ⓑ Did you make a reservation?

예약하셨나요?

우쥬 라잌 투 씥 인싸잍 오올 아웉싸잍
ⓒ Would you like to sit inside or outside?

안쪽에 앉으시겠어요 아니면 바깥쪽에 앉으시겠어요?

---

1. A :

   B : A party of three.

2. A :

   B : Yes, it's under Sun-young.

3. A :

   B : A window table, please.

정답

1 ((일행은) 3명입니다.) – ⓐ   2 – ⓑ   3 – ⓒ

음식점 2 (주문하기)

🎧 02-23

주문할 때 가장 간단한 방법은 원하는 메뉴를 가리키며 'This.(이것)'라고 말한 후, 수량을 말하는 것입니다. 그러나 이 방법은 조금 무례하게 들릴 수 있습니다. 원하는 것을 구체적이고 정중하게 표현하는 방법을 익혀 보세요.

핵심 표현

아일 햅 디스 원
I'll have this one.

나는 이것 을 먹을게요.

↘일상생활에서는 '먹다'의 표현으로 eat [잍]이 아닌 have을 자주 사용합니다.

단어를 바꿔서 표현해 보세요.

▫ **the same** [더 쎄임] 같은 것

▫ **what they're having** [왙 데이얼 해빙]
   그들이 먹고 있는 것

▫ **the steak** [더 스테잌] 스테이크

단어

I will [아 윌] = I'll [아일]
나는 ~할 것이다
have [햅] 갖다, 먹다
this one [디스 원] 이것

Tip

● 직원을 부를 때 에티켓

직원을 부를 때 손가락을 사용하거나 'Hey!'라고 부르는 경우가 종종 있습니다. 이것은 매우 무례한 행동입니다. 호출 벨이 없는 곳에서 직원을 호출하고 싶을 때는 손을 가볍게 들거나 눈이 마주쳤을 때 'Excuse me.'라고 정중하게 부르는 것이 예의입니다.

캐나이 씨 더 메뉴
Can I see the menu?

메뉴판 주시겠어요?

＊줄임 표현 : Menu, please. [메뉴 플리즈]

왙츠 굳 히어얼
What's good here?

여기 인기 메뉴가 무엇인가요? (여기 뭐가 맛있어요?)

왙 카인ㄷ 옵 듀륑ㅅ 두 유 햅
What kind of drinks do you have?

음료는 어떤 종류가 있나요?

노 어니언ㅈ 플리즈
No onions, please.

양파는 빼주세요.

> no 뒤에 '명사'가 나올 경우,
> no는 '~도 없는, 조금의 ~도 없는'
> 의 의미를 갖습니다.

 **엿보기 단어**

---

what kind of [왙 카인ㄷ 옵] 어떤 종류의

1 _____ 은/는 어떤 종류가 있나요?

What kind of _____ do you have?

> dessert [디절ㅌ] 후식
> dressing [드레씽] 드레싱
> appetizer [애피타이저얼] 식전 음식
> side dishes [싸읻 디쉬ㅅ] 곁들임 요리

2 _____ 이/가 무엇인가요?

What's _____?

> the best dish here [더 베슫 디쉬 히어얼] 이곳의 가장 최고 음식
> today's special [투데이ㅅ 스페셜] 오늘의 특선 메뉴
> the fastest meal [더 패스티슫 밀] 가장 빠른 메뉴
> the most popular dish [더 모슽 파퓰러얼 디쉬] 가장 인기 있는 메뉴

3 _____ 은/는 빼주세요.

No _____, please.

> cilantro [씰랜트로] 고수
> sugar [슈가알] 설탕
> salt [솔ㅌ] 소금
> peanuts [피넡ㅊ] 땅콩

보기

ⓐ 아알 유 레디 투 오더얼
Are you ready to order?
주문할 준비되었나요?

ⓑ 애니띵 투 듀링ㅋ
Anything to drink?
드실 것 필요하세요?

ⓒ 애니띵 엘ㅅ
Anything else?
다른 것은 필요 없으세요?

1. A :

B : What kind of drinks do you have?

2. A :

B : Yes, I'll have the steak.

3. A :

B : No onions, please.

정답

1 - ⓑ   2 - ⓐ   3 - ⓒ

음식점 3 (요청하기)

🎧 02-25

유명한 음식점이라도 불편사항이 있을 수 있습니다. 어떻게 말을 해야 할지 몰라서 불편사항을 참고 넘어간다면, 음식을 먹는 내내 또는 나온 후에도 후회가 될 것입니다. 이렇게 불편한 상황에 사용할 수 있는 간단하고 정중한 요청 표현을 익혀 보세요.

핵심 표현

디스 이즈 투 썰티

This is too salty.

이것은 너무 짭니다.

단어를 바꿔서 표현해 보세요.

- **too tough** [투 터프] 너무 질긴
- **very spicy** [베뤼 스파이씨] 너무 매운
- **too bland** [투 블랜드] 너무 싱거운

단어

this is [디스 이즈]
이것은 ~입니다
too [투] 너무, 매우
salty [썰티] 짠

Tip 식사 중에는 언제나 담당 점원이 다가와서 음식이 입맛에 맞는지를 물어 봅니다. 이때 식사가 만족스럽다면 미소와 함께 간단하게 답변합니다.

How's everything? [하우ㅅ 에브뤼띵]　　(모든) 음식은 어떠신가요?

➡ I love it. [아이 러빝]　　정말 좋아요.

Great. [그뤠잍]　　매우 좋아요.

This is beautiful. [디스 이즈 뷰리풀]　　너무 멋져요.

캐나이 겥 썸 냅킨ㅈ 플리ㅈ

Can I get some napkins, please?

냅킨 좀 주실래요?

마이 밀 해즌(ㅌ) 컴 옡

My meal hasn't come yet.

제 음식이 아직 안 나왔어요.

아이 디든(ㅌ) 오더얼 디ㅅ 푿

I didn't order this food.

이 음식은 제가 주문하지 않았어요.

아이 띵ㅋ 마이 푿 이ㅈ 언더얼쿡ㅌ

I think my food is undercooked.

제 음식이 덜 익은 것 같아요.

 **엿보기 단어**

meal [밀] 식사   undercooked [언더얼쿡ㅌ] 덜 익은
order [오더얼] 주문하다

1 ＿＿＿＿＿＿＿＿＿ 주실래요?

Can I get ＿＿＿＿＿, please?

> → more water [모올 워러얼] 물을 더
> a fork [어 포올ㅋ] 포크 하나
> a spoon [어 스푼] 숟가락 하나
> a plate [어 플레잍] 접시 하나

2 이 ＿＿＿＿＿＿＿ 은/는 제가 주문하지 않았어요.

I didn't order this ＿＿＿＿.

> → steak [스테잌] 스테이크
> pasta [파스타] 파스타
> chicken soup [취킨 숩] 닭고기 수프
> salad [샐럳] 샐러드

3 제 음식이 ＿＿＿＿＿ 것 같아요.

I think my food is ＿＿＿＿.

> → overdone [오버얼던] 너무 익은
> off [오ㅍ] 상한
> cold [콜드] 식은
> not fresh [낱 프레쉬] 신선하지 않은

off는 기본적으로 '~에서 떨어져'라는 뜻이지만, 음식과 사용했을 때는 '상한'이라는 의미를 나타냅니다.

대화에 알맞은 문장을 보기에서 찾아 보세요.

ⓐ 쏘리 투 메잌 유 웨잍
Sorry to make you wait.
기다리게 해서 죄송합니다.

ⓑ 쏘 쏘리 아일 게츄 어 뉴 원
So sorry. I'll get you a new one.
매우 죄송합니다. 새것으로 가져다드릴게요.

ⓒ 아임 쏘리 아일 브링 유 더 롸잍 원
I'm sorry. I'll bring you the right one.
죄송합니다. 올바른 음식을 가져다드릴게요.

1. A : I didn't order this food.

   B :

2. A : My meal hasn't come yet.

   B :

3. A : This is too salty.

   B :

정답

1 – ⓒ   2 – ⓐ   3 – ⓑ

Unit 14

음식점 4 (계산하기)

계산할 때 카운터로 직접 가서 계산하는 우리나라와 다르게 미국을 포함한 많은 나라들은 테이블에서 계산을 합니다. 가장 먼저 배워야 할 표현은 점원에게 계산서를 요청하는 것입니다. 이때 포장을 요청할 수도 있으므로, 포장 요청 표현과 계산 표현들을 함께 익혀 보세요.

핵심 표현

첵   플리즈

Check, please.

계산서 부탁합니다.

단어를 바꿔서 표현해 보세요.

▫ **bill** [빌] 계산서

▫ **receipt** [뤼씰] 영수증

▫ **separate checks** [쎄퍼뤠잍 첵ㅅ] 나눠서 계산

단어

check [첵] 계산서

● 콩글리시 : 더치페이

미국을 포함한 다른 나라들은 일행이 전체 가격을 1/N로 나눠서 계산하는 것이 일반적입니다. 보통 나눠내자는 표현을 'Let's go Dutch. [렡츠 고우 더취] (각자 내자.)'라고 하는데, 이 표현에서 콩글리시 중 하나인 '더치페이'라는 표현이 만들어졌습니다.

아인 라익 썸 디절트 플리즈
I'd like some dessert, please.

디저트 좀 주세요.

아인 라익 투 페이 나우
I'd like to pay now.

지금 계산하고 싶습니다.

두 유 테익 라알쥐 빌즈
Do you take large bills?

고액권 지폐를 받나요?

캐나이 해버 도기 백
Can I have a doggy bag?

(남은 음식을 넣어갈) 봉지를 주시겠어요?

 엿보기 단어

pay [페이] 지불하다
large bill [라알쥐 빌] 고액권 지폐

doggy bag [도기 백]
(식당에서 남은 음식을 싸가는) 봉지

1 ＿＿＿＿＿＿ 좀 주세요.

I'd like some ＿＿＿＿＿＿＿.

⤷ coffee [커피] 커피
ice cream [아이스 크륌] 아이스크림
green tea [그륀티] 녹차
cake [케잌] 케이크

2 ＿＿＿＿＿＿ 를 받나요?

Do you take ＿＿＿＿＿＿?

⤷ credit cards [크레딭 카알ㅈ] 신용카드
debit cards [데빝 카알ㅈ] 체크카드
Visa [비자] 비자 카드
Master card [매스터얼 카알ㄷ] 마스터 카드

3 ＿＿＿＿＿＿ 을/를 주시겠어요?

Can I have ＿＿＿＿＿＿?

⤷ a receipt [어 뤼씰] 영수증
separate bills [쎄퍼뤠잍 빌ㅈ] 각각 나눈 계산서
a to go box [어 투 고우 박ㅅ] 포장용 박스
a coupon [어 쿠폰] 쿠폰

보기

슈어얼 위 두
ⓐ Sure, we do.
물론입니다.

오케이 아일 비 롸잍 백 윗 더 첵
ⓑ Ok, I'll be right back with the check.
네, 계산서 가지고 바로 오겠습니다.

슈어얼 두 유 원트 미 투 뢥 뎀 투게더얼
ⓒ Sure. Do you want me to wrap them together?
물론이죠. 모두 포장해드릴까요?

1. A : Check, please.

   B :

2. A : Do you take large bills?

   B :

3. A : Can I have a doggy bag?

   B :

정답

1 – ⓑ   2 – ⓐ   3 – ⓒ

단위 명사

셀 수 없는 물건의 수량을 말할 때는 「수량+단위 명사+of+물건」의 구조로 표현할 수 있습니다. 액체와 같이 셀 수 없는 단위의 경우에는 담을 수 있는 **bottle**을 붙여서 표현합니다. 한 개일 때는 단위 명사 앞에 **a**를 붙이고 복수(2개 이상)일 때는 단위 명사 끝에 **s**를 붙여서 사용합니다.

수량 + 단위 명사 + of + 물건

케이크 2조각 주시겠어요? ➡ Can I get two pieces of cake, please?
(수량) (단위 명사) (물건)

piece [피쓰]	조각	Two pieces of cake [투 피쓰ㅅ 옵 케잌]	케이크 2조각
slice [슬라이쓰]	조각	Two slices of bread [투 슬라이쓰ㅅ 옵 브레드]	빵 한 조각
cup [컵]	잔	Two cups of coffee [투 컵ㅅ 옵 커피]	커피 2잔
glass [글래쓰]	(유리) 잔	Two glasses of juice [투 글래쓰ㅅ 옵 주쓰]	주스 2잔
bottle [바를]	병	Two bottles of water [투 바를ㅈ 옵 워러얼]	물 2병
carton [카알톤]	갑, 팩	Two cartons of milk [투 카알톤ㅈ 옵 밀ㅋ]	우유 2팩
loaf [로ㅍ]	덩이	Two loaves of bread [투 로브ㅈ 옵 브레드]	빵 2덩어리
bag [백]	봉지	Two bags of sugar [투 백ㅅ 옵 슈가알]	설탕 2봉지
sheet [쉴]	장	Two sheets of paper [투 쉴ㅊ 옵 페이퍼얼]	종이 2장
bowl [보울]	공기	Two bowls of rice [투 보울ㅈ 옵 롸이스]	밥 2공기
can [캔]	캔	Two cans of coke [투 캔ㅈ 옵 콕]	콜라 2캔
bar [바알]	개	Two bars of chocolate [투 바알ㅈ 옵 초콜릿]	초콜릿 2개

팁 문화

음식점이나 호텔 등에서 서비스 제공자에게 자발적으로 주는 돈을 '팁'이라고 합니다. 팁 문화가 있는 나라에서도 어느 순간부터 자발성보다 의무성에 가깝게 인식되고 있어서 여행자에게 부담이 되기도 합니다. 특히 팁 문화가 없는 우리나라 사람들에게는 매우 생소하게 느껴져서 의도하지 않게 어색한 상황이 될 수도 있습니다. 여행 전, 팁 문화가 있는 나라와 적당한 팁 금액을 미리 알아 두는 것이 좋습니다.

팁이 있는 나라	팁이 없는 나라
미국	호주
캐나다	뉴질랜드
홍콩	북유럽 국가
인도	러시아

미국의 경우, 계산서를 보면 **tip**[팁] 또는 **gratuity**[그래츄이티]라고 쓰여 있는 것을 볼 수 있습니다. 직원에게 서비스를 직접 받는 모든 곳에 팁을 주고, 셀프서비스로 이용하는 곳은 직원에게 따로 팁을 주지 않습니다. 보통 팁은 전체 가격의 10~20% 사이가 적당합니다. 최소한의 팁 금액은 보통 10%이지만, 일반적으로는 15% 정도를 지불하고 있습니다.

20% : Excellent [엑썰런트]   최고의 서비스

18% : really good service [뤼얼리 굳 써얼비스]   매우 괜찮은 서비스

15% : good service [굳 써얼비스]   괜찮은 서비스, 일반적인 서비스

10% : really bad service [뤼얼리 밷 써얼비스]   매우 안 좋은 서비스, 불만족한 서비스

Unit 15

패스트푸드점 이용하기

🎧 02-29

패스트푸드점은 간단하게 식사를 해결하기에 좋은 장소입니다. 생존 표현이라 할 수 있는 'Can I get ~.(~ 주세요.)' 표현을 활용해서 주문하는 표현을 익혀 보세요.

핵심 표현

캐나이 겥 콤보 넘버얼 원

Can I get combo number 1?

1번 세트 주시겠어요?

단어를 바꿔서 표현해 보세요.

- a refill [어 뤼필] 리필, 한 잔 더
- a coke [어 콕] 콜라
- Sprite [스프라잍] 사이다

단어

combo [콤보]
여러 음식이 함께 나오는 것
number [넘버얼] 숫자, 번

Tip ● 한국 세트와 미국 세트의 다른 의미

패스트푸드점에서 음료와 음식이 한꺼번에 나오는 것을 우리는 흔히 '세트'라고 말합니다. 하지만 미국에서는 'combination [콤비네이션] (결합물)'의 줄임말인 combo [콤보] 또는 meal [밀]이라고 하며, 이 단어 뒤에 번호를 붙여서 원하는 메뉴를 주문합니다. set menu [쎌 메뉴]의 경우, 한국의 코스요리처럼 애피타이저, 메인 음식, 디저트로 구성된 코스 요리를 말하기 때문에 의미를 잘 구분해서 사용해야 합니다.

아임 라잌 어 　 취즈버거얼
I'd like a cheeseburger.

치즈 버거 주세요.

투 고우 　 플리즈
To go, please.

포장해 갈게요.

홀드 더 　 피클즈 　 플리즈
Hold the pickles, please.

피클은 빼주세요.

> hold는 다양한 의미를 가지고 있습니다. 음식점에서 무언가를 빼달라고 요청할 때는 '~을 빼다'의 의미로 자주 사용합니다.

고우 이지 온 디 어니언즈 　 플리즈
Go easy on the onions, please.

양파는 조금만 주세요.

 엿보기 단어

to go [투 고우] 포장해 가다
hold [홀드] (음식점에서) ~을 빼다

go easy on [고우 이지 온]
(명령형) ~을 조금만 주다

1

_____ .

_____, please.

> For here [포올 히어얼] 여기에서 → 여기에서 먹겠습니다.
> Small [스몰] 작은 → 작은 (사이즈)로 주세요.
> Medium [미디엄] 중간 → 중간 (사이즈)로 주세요.
> Large [라알쥐] 큰 → 큰 (사이즈)로 주세요.

> please는 정중하게 무엇을 부탁하거나 하라고 할 때 덧붙이는 말로 상황에 따라서 다양한 해석이 가능합니다.

2 _____ 은/는 빼주세요.

Hold _____, please.

> the mayo [더 메이요우] 마요네즈
> the mustard [더 머스타알ㄷ] 머스터드
> the ketchup [더 케첩] 케첩
> the pepper [더 페퍼얼] 후추

3 _____ 은/는 조금만 주세요.

Go easy on _____ .

> the spice [더 스파이ㅆ] 향신료
> the salt [더 쏠ㅌ] 소금
> the sugar [더 슈가알] 설탕
> the ice [디 아이ㅅ] 얼음

대화에 알맞은 문장을 보기에서 찾아 보세요.

ⓐ 두 유 원트 에브뤼띵 온 잍
   Do you want everything on it?
   모두 넣으시겠어요?

ⓑ 캐나이 테잌 유어얼 오더얼
   Can I take your order?
   주문하시겠습니까?

ⓒ 포올 히어얼 오올 투 고우
   For here or to go?
   여기에서 드실 거예요 아니면 가지고 가실 거예요?

1. A :

  B : To go, please.

2. A :

  B : Yes, I'd like a cheeseburger.

3. A :

  B : Hold the pickles, please.

   1 – ⓒ   2 – ⓑ   3 – ⓐ

Unit 16

카페 이용하기

🎧 02-31

우리나라 카페에서 이용하는 음료들의 명칭은 대부분 영어로 되어있지만 현지에서 사용하는 발음과는 다소 차이가 있습니다. 카페에서 많이 찾는 음료의 영어 표현을 알아보고 주문하는 표현도 익혀 보세요.

핵심 표현

아읻 라익 원 카페이 라테이 플리즈
I'd like **one café latte**, please.

카페라테 한잔 주세요.

단어를 바꿔서 표현해 보세요.

▫ **one americano** [원 아메뤼카노] 아메리카노 한잔

▫ **one caramel macchiato**
[원 캬라멜 마끼아로] 캐러멜 마키아토 한잔

▫ **one café mocha** [원 카페이 모카] 카페모카 한잔

단어

I would like [아이 운 라익]
= **I'd like** [아읻 라익]
나는 ~하고 싶다
one [원] (숫자) 1, 하나
café latte [카페이 라테이]
카페라테

아일 햅 언 아이쓰ㄷ 커피
I'll have an iced coffee.

차가운 커피 마실게요.

캔 유 기ㅂ 미 어 슬리ㅂ
Can you give me a sleeve?

컵홀더를 주시겠어요?

＊ sleeve : 한국에서 '컵홀더'를 의미합니다.

캐나이 햅 댙 윋 웯ㅌ 크림
Can I have that with whipped cream?

그것을 휘핑크림과 같이 주시겠어요?

투 고 플리즈
To go, please.

가지고 갑니다.

＊ ≠ for here. [포올 히어얼] : 여기에서.

 엿보기 단어

to go [투 고] 가지고 가다

1 _____ 마실게요.

I'll have   .

one espresso [원 에스프레소] 에스프레소 한 잔
one vanilla latte [원 버닐라 라테이] 바닐라라테 한 잔
one cappuccino [원 카푸치이노] 카푸치노 한 잔
one green tea latte [원 그린티 라테이] 녹차라테 한 잔

> have의 경우 일반적으로 '가지다'를 의미하지만, 뒤에 음식이나 음료가 나오면 '먹다, 마시다'의 의미를 갖습니다.

2 _____ 을/를 주시겠어요?

Can you give me   ?

a straw [어 스트로] 빨대 하나
some napkins [썸 냅킨즈] 냅킨 조금
a carrier [어 캐리어얼] 캐리어 하나
an extra cup [언 엑스트롸 컵] 추가 컵 하나

3 그것을 _____ 주시겠어요?

Can I have that   ?

in a paper cup [인 어 페이퍼얼 컵] 종이컵에
in a mug [인 어 머ㄱ] 머그잔에
without whipped cream [위다웉 윞ㅌ 크륌] 휘핑크림 없이
with an extra shot [윋 언 엑스트롸 샽] 추가 샷과 함께

대화에 알맞은 문장을 보기에서 찾아 보세요.

ⓐ 우쥬 라잌 애니띵 엘스
Would you like anything else?

다른 것 필요하세요?

ⓑ 왙 캐나이 겥 포올 유
What can I get for you?

무엇을 드릴까요?

ⓒ 포올 히어얼 오올 투 고
For here or to go?

여기서 드세요 아니면 가져가시나요?

1. A :

   B : I'd like one cafe latte, please.

2. A :

   B : No, that's all.

3. A :

   B : To go, please.

스테이크 주문하기

스테이크는 여행지 음식이 입맛에 맞지 않을 경우 가장 안전하게 선택할 수 있는 음식 중 하나입니다. 스테이크의 굽기별 표현을 미리 알아보고 입맛에 맞는 스테이크 굽기를 요청해 보세요.

● 스테이크 굽기 정도

Blue rare [블루 뤠어럴]	고기의 겉만 익힌 상태. 겉 1mm 정도만 익고 나머지는 생고기, 외국에서 즐겨먹는 굽기 정도.
Rare [뤠어얼]	겉 부분 위주로 익힌 상태. 짙은 붉은색으로 자르면 피가 흐르도록 굽는 정도.
Medium rare [미디엄 뤠어얼]	미식가들이 추천하며 외국에서 가장 선호하는 스테이크 굽기 정도. Rare보다 더 익힌 것으로, 자르면 피가 보임.
Medium [미디엄]	절반 정도를 익힌 상태. 겉은 완전히 익었지만, 안쪽은 핑크빛을 띄는 정도.
Medium well-done [미디엄 웰던]	우리나라에서 가장 선호하는 굽기 정도. 속이 분홍색과 회색의 중간 색을 띠며, 육즙이 있으면서 씹는 맛이 있음.
Well-done [웰던]	속까지 100% 익은 상태. 돼지고기를 익혀 먹을 때와 같이 속까지 모두 익힌 상태.

 엿보기 단어

undercooked [언더얼쿡ㅌ] 덜 익힌   **overcooked** [오버얼쿡ㅌ] 너무 익은

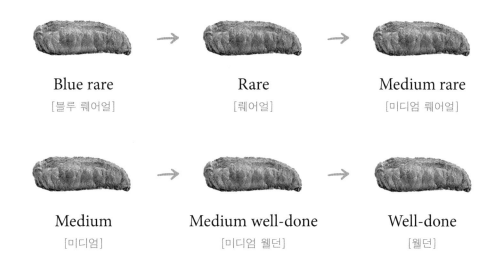

Blue rare
[블루 뤠어얼]

Rare
[뤠어얼]

Medium rare
[미디엄 뤠어얼]

Medium
[미디엄]

Medium well-done
[미디엄 웰던]

Well-done
[웰던]

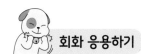 회화 응용하기

● 굽기 질문하기

　　　하우　　　우쥬　　라잌 유어얼　스테잌
A : How would you like your steak?　　　스테이크는 어떻게 해드릴까요?

　　　미디엄　　　웰던　　　플리즈
B : Medium well-done, please.　　　미디엄 웰던으로 해주세요.

● 굽기 재요청하기

　　　익스큐스 미 잍츠　언더얼쿡트
A : Excuse me. It's undercooked.　　　실례합니다. 이거 덜 익었어요.

　　　쏘리　써얼　위일　게츄　어　뉴　원　롸잍 어웨이
B : Sorry, sir. We'll get you a new one right away.

　　　죄송합니다. 손님. 새것을 바로 가져다드릴게요.

호텔 체크인/아웃 하기

🎧 02-33

전 세계 여행객이 방문하는 호텔은 의사소통이 비교적 쉽습니다. 호텔 프런트에서 사용하는 표현들은 몇 가지로 정해져 있으며, 직원들은 여행객이 사용하는 영어 표현에 익숙하기 때문입니다. 호텔 체크인/아웃 시 필요한 필수 표현들을 익혀 보세요.

 핵심 표현

아읻 라잌 투 쳌 인
I'd like to check in.

체크인 하고 싶습니다.

단어를 바꿔서 표현해 보세요.

▫ **check out** [쳌 아웉] 체크아웃하다

▫ **change my room** [체인쥐 마이 룸] 내 방을 바꾸다

▫ **keep my luggage here** [킾 마이 러기쥐 히어얼]
여기에 내 짐을 맡기다

단어

check in [쳌 인]
체크인하다, 투숙 수속하다

 Tip 예약 시, 프런트 앞에 ROH(Run of House [런 옵 하우스])가 쓰여 있는 경우가 있습니다. 체크인할 때 당일 객실 상황에 따라서 방을 배정해 준다는 의미입니다. 운이 좋은 경우, 낮은 가격으로 높은 등급의 방을 배정받을 수도 있습니다.

I want a room upgrade. [아이 원트 어 룸 업그레읻] 방을 업그레이드하고 싶어요.

히어얼 이즈 마이 패스포올ㅌ
Here is my passport.

여기 제 여권입니다.

이즈 데어얼 어 컨비니언ㅅ 스토어얼 히어얼
Is there a convenience store here?

여기에 편의점 있나요?

두 유 햅 프뤼 와이파이 히어얼
Do you have free Wi-Fi here?

여기 무료 와이파이 있나요?

왙 이즈 더 토럴
What is the total?

전체 요금이 얼마입니까?

 **엿보기 단어**

passport [패스포올ㅌ] 여권　　　　　　　　free [프뤼] 무료의
convenience store [컨비니언ㅅ 스토어얼] 편의점　　total [토럴] 총액, 합계

1 여기 제 ＿＿＿＿＿＿＿＿＿ 입니다.

Here is my ＿＿＿＿＿＿.

> voucher [바우쳐얼] 예약확인증
> room key [룸 키] 방 열쇠
> deposit [디파짙] 보증금
> baggage tag [배기쥐 택] 짐을 맡길 때 주는 표

2 여기에 ＿＿＿＿＿＿＿＿ 있나요?

Is there ＿＿＿＿＿＿ here?

> an ATM [언 에이티엠] 현금 자동 지급기
> a restaurant [어 뤠스터런트] 음식점
> a swimming pool [어 스위밍 풀] 수영장
> a laundry [어 라운드뤼] 세탁실

인근에 물건 또는 장소가 있는지 묻는 표현으로, 위치를 묻는 there 을 씁니다.

3 여기 ＿＿＿＿＿＿＿ 있나요?

Do you have

> a wake-up call service
> [어 웨이크업 콜 써얼비스] 모닝콜 서비스
> a local map [어 로컬 맵] 지역 지도
> a complimentary breakfast
> [어 컴플리멘트뤼 브뤡퍼슽] 무료 조식
> a travel guide [어 츄뤠블 가읻] 여행 안내서

?

상대방이 물품을 가지고 있는지 또는 특정 서비스를 제공하는지 묻는 표현으로, '가지다'의 뜻을 가진 have을 씁니다.

보기

ⓐ 렏츠 씨 잍츠 포올 뜨뤼 데이즈 롸잍
Let's see. It's for three days, right?
살펴볼게요. 3일 동안이네요, 맞나요?

ⓑ 예쓰 위 두 더 패쓰워얼드 이즈 에이투오투오
Yes, we do. The password is A2020.
네, 있습니다. 비밀번호는 A2020입니다.

ⓒ 예쓰 잍츠 인 프론트 옵 더 라비
Yes, it's in front of the lobby.
네, 그것은 로비 앞에 있습니다.

1. A : I'd like to check in.

   B :

2. A : Do you have free Wi-Fi here?

   B :

3. A : Is there a convenience store here?

   B :

정답

1 – ⓐ   2 – ⓑ   3 – ⓒ

호텔 이용하기

🎧 02-35

호텔 이용료는 호텔에서 이용할 수 있는 모든 서비스가 포함된 가격입니다. 호텔은 이용객이 많은 만큼 시설이 고장 나거나 물품이 부족한 경우가 많습니다. 이용에 필요한 표현과 불편 사항 등의 표현을 익혀 보세요.

핵심 표현

디　에어얼　컨디셔너얼　이즈　낱　워얼킹

The air conditioner is not working.

에어컨 이 작동하지 않습니다.

단어를 바꿔서 표현해 보세요.

▫ **The internet** [디 인터얼넽] 인터넷
▫ **The TV** [더 티브이] 텔레비전
▫ **The heater** [더 히러얼] 난방기

단어

air conditioner
[에어얼 컨디셔너얼] 에어컨(=AC)
is not [이즈 낱] ~이 아니다
working [워얼킹] 작동 중인

Tip ● 방에 키를 두고 나왔는데 문이 잠겼다면?
당황하지 마세요. 호텔 이용 시 방에 키를 두고 나왔다가 잠기는 일은 종종 있는 일입니다. 이럴 때는 호텔 프런트에 스페어 키(spare key)를 받아서 해결할 수 있습니다.

I locked myself out. [아이 락트 마이셀프 아웉]　　방에 키를 두고 나왔어요.

디ㅅ 이ㅈ 룸 넘버얼 쎄븐오파입
This is room number 705.

705번 방입니다.

캐나이 겥 썸 모올 타월ㅈ
Can I get some more towels?

수건을 좀 더 구할 수 있을까요?

데어얼 이ㅈ 노 토일렡 페이퍼얼
There is no toilet paper.

화장실 휴지가 없습니다.

아이 돈(ㅌ) 노우 하우 투 유ㅅ 더 와이파이
I don't know how to use the Wi-Fi.

와이파이 사용 방법을 모르겠어요.

 **엿보기 단어**

towel [타월] 수건   how to [하우 투] ~하는 방법
toilet paper [토일렡 페이퍼얼] 화장지

1 _____ 이/가 없습니다.

There is no _____ .

> tissue [티슈] 화장지
> bath towel [배쓰 타월] 목욕 수건
> AC remote [에이씨 뤼모트] 에어컨 리모컨
> conditioner [컨디셔너얼] 린스

2 _____ 을/를 좀 더 구할 수 있을까요?

Can I get some more _____ ?

> pillows [필로우즈] 베개
> blankets [블랭킽ㅅ] 이불
> slippers [슬리퍼얼즈] 슬리퍼
> toothbrushes [투쓰브러쉬ㅅ] 칫솔

3 _____ 사용 방법을 모르겠어요.

I don't know how to use _____ .

> the locker [더 라커얼] 사물함, 보관함
> the washing machine [더 워씽 머쉰] 세탁기
> the safe [더 세잎] 금고
> the telephone [더 텔러폰] 전화기

보기

쏘리 아일 쎈ㄷ 썸원 투 체킽
ⓐ Sorry. I'll send someone to check it.

죄송합니다. 확인할 사람을 보내겠습니다.

오케이 덴 아일 쇼 유 하우 투 유ㅅ 잍
ⓑ Ok then, I'll show you how to use it.

알겠습니다, 그러면 그것을 어떻게 사용하는지 보여드리겠습니다.

쏘리 아일 브링 잍 투 유
ⓒ Sorry. I'll bring it to you.

죄송합니다. 그것을 당신에게 가져다 주겠습니다.

1. A : The air conditioner is not working.

   B :

2. A : There is no toilet paper.

   B :

3. A : I don't know how to use the Wi-Fi.

   B :

정답

1 – ⓐ   2 – ⓒ   3 – ⓑ

호텔 서비스 이용하기

호텔은 고객이 가능한 편하게 지낼 수 있도록 다양한 서비스를 제공합니다. 호텔 내에서 제공하는 서비스를 잘 이용하는 것만으로도 여행의 질을 높일 수 있습니다. 쉽게 잊고 지나칠 수 있는 호텔 서비스와 낯선 표현들을 익혀 보세요.

● Concierge [컨시어쥐]

컨시어지 서비스는 해당 호텔에서 제공하는 최고의 가이드입니다. 관광, 항공권, 렌터카, 문화공연 행사, 선물 구매 등을 안내해 주거나 예약을 대행해 주며 우천 시 우산 대여도 가능 합니다.

● Luggage storage service [러기쥐 스토뤼지 써얼비스]

카운터에서 짐을 보관해 주는 서비스입니다. 여행 일정에 따라서 체크인/아웃 전과 후로 호텔 인근 지역을 여행하는 경우에 편리하게 이용할 수 있습니다. 짐을 맡긴 후 발급해 주는 보관증을 꼭 챙기세요.

● Wake up call service [웨이크 업 콜 써얼비스]

기상용으로 많이 이용하기 때문에 '모닝콜 서비스'라고도 알려진 이 서비스는 프런트에 원하는 시간을 요청하면 시간에 맞춰서 전화로 알려주는 서비스입니다. 중요한 일정으로 아침에 일찍 일어나야 하거나 호텔 조식 시간에 맞춰서 일어나고 싶을 때 유용하게 사용할 수 있습니다.

● Laundry service [런드뤼 써얼비스]

세탁 서비스로 수선이 필요하거나 세탁이 필요할 때 이용할 수 있는 서비스입니다. 장기 투숙할 때 더 유용하며 다리미와 다리미판을 구비해둔 곳도 있습니다. Pressing service [프레싱 써얼비스]로 일정 금액을 내고 구겨진 옷에 대한 다림질 서비스를 받을 수도 있습니다.

● Turndown service [턴다운 써얼비스]

1박 이상 투숙할 때, 요청 시 침구류와 비품들을 다시 설치해 주는 서비스입니다. 취침 전에 편안한 잠자리를 위해 객실을 한 번 더 정리 받을 수 있습니다. 일부 호텔에서는 기념품이나 간단한 식음료 서비스도 제공합니다.

● DND card [디엔디 카알드]

'Do not disturb [두 낫 디스털ㅂ] (방해하지 마세요)'의 줄임 표현입니다. 늦게까지 자고 싶거나 객실 내 하우스키핑 청소 등을 이유로 외부인이 들어오지 않았으면 하는 의사표시로 문고리에 걸어 둡니다.

● 기타 서비스 및 이용 용어

Complimentary service [컴플리멘트뤼 써얼비스]	객실에 무료로 제공되는 생수, 차, 커피 등
Amenity service [어메니티 써얼비스]	욕실 용품 및 부가적으로 생활 편의 물품이 제공되는 서비스
Pillow service [필로우 써얼비스]	투숙객 취향에 맞는 베개 소재 타입(라텍스, 털, 솜 등)을 고를 수 있는 서비스
Deposit [디파짙]	체크인할 때 요금의 일부를 결제하는 예치금
Voucher [바우쳐얼]	호텔 예약 확인증 또는 호텔 내 시설 이용권
Invoice [인보이스]	호텔 퇴실 시 투숙객이 지불해야 하는 금액이 적힌 청구서

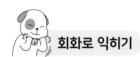 **회화로 익히기**

익스큐스 미 이즈   써얼비스 어베일어블
A : Excuse me, Is ○○ service available?   실례합니다. ○○ 서비스 가능한가요?

옵 코올ㅅ   위 프로바인   써얼비스
B : Of course. We provide ○○ service.   물론이죠. ○○ 서비스를 제공합니다.

이ㅈ 데어얼 어 촤아알쥐 포올 유징 잍
A : Is there a charge for using it?   그것을 사용하면 돈을 내야 하나요?

노 잍츠   컴플리멘트뤼
B : No, it's complimentary.   아니요, 무료입니다.

 Tip   ● 호텔 이용 시 '무료'를 나타내는 표현
Free보다는 **Complimentary**[컴플리멘트뤼]를 보통 사용합니다. 익숙하지 않은 단어이기 때문에 무심코 지나치는 경우가 없도록 미리 익혀 두세요.

관광지 1 (질문/요청하기)

🎧 02-37

관광지에서 멋진 배경과 함께 찍은 사진과 기념품들은 시간이 지나도 의미 있는 순간을 기억나게 해줍니다. 관광지에서 사용할 수 있는 질문 표현들을 익혀 보세요.

 핵심 표현

웨어얼 이즈 더 기프트 샵

Where is the gift shop?

기념품 가게 는 어디에 있나요?

단어를 바꿔서 표현해 보세요.

- the ticket counter [더 티켙 카운터얼] 매표소
- the information desk [디 인포메이션 데스ㅋ] 안내소
- the entrance [디 엔트뤤스] 입구

단어

gift [기프ㅌ] 선물
shop [샵] 가게

 Tip 관광지에서 매표소 또는 화장실 이용 시, 줄을 설 때 유용한 표현을 익혀 보세요.

Are you in line? [아알 유 인 라인]　　줄을 서고 계신 건가요?

You go first. [유 고우 퍼얼스ㅌ]　　먼저 가세요.

웨어얼 캐나이 겔 어 씨리 맵
Where can I get a city map?
도시 지도는 어디서 얻을 수 있나요?

두 유 햅 디스카운ㅊ 포올 그룹즈
Do you have discounts for groups?
단체 할인 있나요?

아알 데어얼 애니 브로슈어얼즈 인 코뤼언
Are there any brochures in Korean?
한국어 안내 책자가 있나요?

쿠쥬 테잌 어 픽쳐얼 옵 어ㅅ
Could you take a picture of us?
우리의 사진을 찍어줄 수 있나요?

 엿보기 단어

discount [디스카운ㅌ] 할인
brochure [브로슈어얼] 책자, 안내서

take a picture [테잌 어 픽쳐얼] 사진을 찍다

1

_____ 은/는 어디서 _____ 수 있나요?

Where can I   ?

↳ buy a ticket [바이 어 티켙] 티켓을 사다

get coupons [겥 쿠폰ㅈ] 쿠폰을 얻다

rent an audio guide [렌ㅌ 언 오디오 가읻] 음성 가이드를 빌리다

buy souvenirs [바이 수베니얼ㅈ] 기념품을 사다

2

_____ 할인 있나요?

Do you have discounts for   ?

↳ students [스튜던ㅊ] 학생

seniors [씨니어얼ㅈ] 고령자

veterans [베러런ㅈ] 참전 용사, 재향 군인

kids [키ㅈ] 어린이

3

_____ 가 있나요?

Are there any   ?

↳ tourist attractions [투어뤼슡 어트랙션ㅈ] 관광명소

festivals now [페스티벌ㅈ 나우] 지금 축제

places to eat [플레이시ㅅ 투 잍] 먹을 장소

seats left [씥ㅊ 레프ㅌ] 남은 자리

보기

ⓐ Sure. Are you ready? Say "Cheese"!
슈어얼 아알 유 뤠디 쎄이 취즈

물론이죠. 준비됐나요? '치즈'라고 말하세요!

ⓑ Here you go.
히어얼 유 고우

여기 있습니다.

ⓒ You can buy it at the ticket counter.
유 캔 바이 잍 앹 더 티켙 카운터얼

매표소에서 하나 살 수 있습니다.

1. A : Where can I buy a ticket?

   B :

2. A : Are there any brochures in Korean?

   B :

3. A : Could you take a picture of us?

   B :

정답

1 – ⓒ   2 – ⓑ   3 – ⓐ

관광지 2 (티켓 구매하기)

🎧 02-39

현지에서만 할 수 있는 특별한 경험을 얻기 위한 방법으로 투어나 공연 보기가 있습니다. 눈으로 체험하는 것을 넘어 직접 현지 문화를 체험하면서 느끼는 색다른 즐거움은 여행의 묘미입니다. 체험에 관한 정보를 묻고 공연 티켓 구매 시 필요한 표현을 익혀 보세요.

핵심 표현

두 유 햅 어 원 데이 투어얼
Do you have a one-day tour?

일일 관광 상품 이 있나요?

단어를 바꿔서 표현해 보세요.

▫ **city tours** [씨리 투어얼즈] 도시 투어

▫ **night tours** [나잍 투어얼즈] 야간 투어

▫ **guided tours** [가이디ㄷ 투어얼즈] 가이드 투어

단어

one-day [원 데이] 하루
tour [투어얼] 관광

Tip ● 공연장 에티켓

공연장 최악의 비매너는 휴대폰 사용입니다. 미국은 공연장 내 '휴대폰 사용 금지'라는 표지판이 의무화되어있습니다. 공연 중 벨 소리가 울리는 경우, 최고 50달러에 가까운 벌금을 낼 수 있기 때문에 휴대폰 사용에 주의하세요.

No cell phone use [노 쎌 폰 유ㅅ]　휴대폰 사용 금지

하우 롱 더즈 더 쇼 런
How long does the show run?

공연은 얼마나 걸리나요?

> run은 기본적으로 '달리다'의 뜻이지만, 공연을 언급하는 경우 '상영하다'라는 뜻으로 쓰입니다.

웬 더즈 더 쇼 비긴
When does the show begin?

공연은 언제 시작하나요?

하우 머취 이즈 어드미션
How much is admission?

입장료는 얼마인가요?

왈츠 플래잉 투나잍
What's playing tonight?

오늘 밤에 어떤 것을 상영하나요?

엿보기 단어

run [런] (연극/영화 등을) 상영하다   admission [어드미션] 입장료
begin [비긴] 시작하다

1 _____ 은/는 얼마나 걸리나요?

How long does _____ run?

↳ the musical [더 뮤지컬] 뮤지컬
the play [더 플레이] 연극
the movie [더 무비] 영화
the opera [디 오페롸] 오페라

2 _____ 은/는 언제 _____ 하나요?

When does _____?

↳ the ticket office open [더 티켙 오피쓰 오픈] 매표소를 열다
the store close [더 스토어얼 클로즈] 가게를 닫다
the mall open [더 몰 오픈] 쇼핑몰을 열다
the parade end [더 퍼레읻 엔ㄷ] 퍼레이드가 끝나다

3 _____ 은/는 얼마인가요?

How much is _____?

↳ the show [더 쇼] 공연
the tour [더 투어얼] 투어
the ticket [더 티켙] 티켓
it per person [잍 퍼얼 퍼얼슨] 한 사람당 그것

보기

예쓰 위 두 포올 하우 매니 피플
ⓐ Yes, we do. For how many people?
네, 있습니다. 일행이 몇 명인가요?

잍 런즈 포올 어바웉 투 아워얼즈
ⓑ It runs for about 2 hours.
그것은 약 2시간 동안 상영됩니다.

앹 파입 피엠
ⓒ At 5 p.m.
오후 5시입니다.

1. A : How long does the show run?

   B :

2. A : Do you have a one-day tour?

   B :

3. A : When does the show begin?

   B :

정답

1 − ⓑ   2 − ⓐ   3 − ⓒ

관광 할인 이용하기

관광지마다 다양한 볼거리와 방문할 장소들이 있습니다. 일부러 관광코스를 미술관 여행이나 뮤지컬 감상 여행으로 짜기도 합니다. 그러나 다양한 관람을 하기엔 관람료가 많이 들어서 고민이 되는 경우가 많습니다. 저렴하게 구매할 수 있는 다양한 방법을 알아봅시다.

● 미술관 관람하기

(1) Free admission [프뤼 어드미션] : 무료입장

일부 박물관과 미술관은 무료입장이 가능한 날이 있습니다. 유명 박물관의 경우에는 제한을 두고 무료입장 서비스를 제공하기도 합니다.

(2) Donation admission [도네이션 어드미션] : 기부 입장

미국 박물관이나 미술관 일부는 '도네이션 데이(donation day)'가 있습니다. 정해진 입장료 대신 본인이 원하는 만큼 기부금을 내고 입장하는 방식입니다. 그밖에 '프리 뮤지엄 데이(free museum day)라고 해서 입장료 없이 무료로 개방하는 날도 있습니다.

(3) Pass [패씨]

원하는 관광명소들을 자유롭게 선택해서 티켓 구매를 위해 대기할 필요 없이 바로 입장할 수 있는 '통합 관광패스'입니다. 홈페이지 또는 앱을 통해 구매가 가능하며, 다양한 할인도 받을 수 있고 미리 관광지를 선택하기 때문에 매번 티켓 구매를 위한 번거로움이 없다는 장점이 있습니다.

New York Big Apple Pass [뉴욕 빅 애플 패씨], Chicago City Pass [시카고 씨리 패씨]

● 공연 예약하기

(1) TKTS [티케이티에스]

뉴욕에 위치하고 있으며, 공연 당일 남은 티켓을 싸게 판매하는 곳입니다. 인기가 많은 공연표는 얻기 힘들지만 일반 공연 표들은 20~50%까지 할인된 금액으로 구입할 수 있습니다.

(2) Rush Ticket [러쉬 티켙]

공연 당일 남은 티켓을 판매하는 서비스입니다. 오전 10시부터 선착순으로 극장에서 파는 티켓으로 공연 인기도에 따라 기다리는 관객 수가 다릅니다.

(3) Lottery [로터리]

공연 시작 2시간 반 전에 시작해서 2시간 전에 추첨을 합니다. 가격이 매우 저렴하지만 시간에 맞춰 공연장에 가야 하는 불편함이 있습니다.

관람 에티켓

관광지에서는 항상 주의해야 할 에티켓(etiquette)이 있습니다. 관람 에티켓을 지키지 않을 시 주변 사람을 방해할 뿐 아니라, 스스로 누릴 수 있는 경험을 놓칠 수도 있습니다. 공연장 또는 미술관 매표소에서 볼 수 있는 주의사항을 알아봅시다.

● 공연장

Turn off your cell phone. [턴 오프 유어얼 쎌 폰]	휴대전화를 꺼주세요.
Don't send text messages during the show. [돈(트) 쎈ㄷ 텍스ㅌ 메시지ㅅ 듀링 더 쇼]	공연 중간에 문자 메시지를 보내지 마세요.
Eat your dinner before the show, not during it. [잍 유어얼 디너얼 비포올 더 쇼 낱 듀링 잍]	공연 전에 저녁을 먹으세요. (공연 중간에 저녁을 먹지 마세요.)
If you have to cough, cover your mouth. [이퓨 햅 투 커프 커버얼 유어얼 마우씨]	만약 재채기를 해야 한다면, 입을 가리세요.
Don't talk during a performance. [돈(트) 토크 듀링 어 퍼얼포먼ㅅ]	공연 중간에 이야기하지 마세요.
Don't sing along. [돈(트) 씽 얼롱]	따라 부르지 마세요.
No photos at any time. [노 포토ㅈ 앹 애니 타임]	어떤 순간이든 사진을 찍지 마세요.

● 공연장

Be quiet. [비 콰이엍]	조용히 하세요.
Do not touch works of art. [두 낱 터취 워얼크ㅅ 옵 아알ㅌ]	작품을 만지지 마세요.
Do not block the art. [두 낱 블록 디 아알ㅌ]	작품을 막지 마세요.
No flash, please! [노 플래쉬 플리즈]	플래시를 켜지 마세요!
Do not take phone calls. [두 낱 테잌 폰 콜ㅈ]	전화를 받지 마세요.
Do not lean on the walls. [두 낱 린 온 더 월ㅈ]	벽에 기대지 마세요.

쇼핑하기

🎧 02-41

쇼핑은 여행에서 빼놓을 수 없는 즐거움 중 하나입니다. 쇼핑을 통해 여행을 추억할 수 있는 기념품을 사기도 하고 현지 가격으로 저렴하게 살 수도 있습니다. 쇼핑에 관한 표현들을 익혀 보세요.

핵심 표현

아임 루킹 포올 진ㅅ

I'm looking for jeans.

청바지 를 찾고 있어요.

단어를 바꿔서 표현해 보세요.

▫ **a wallet** [어 월릳] 지갑

▫ **a watch** [어 와취] 시계

▫ **a pair of pants** [어 페어얼 옵 팬츠] 바지 한 벌

단어

looking for [루킹 포올]
~을 찾는 중
jeans [진ㅅ] 청바지

Tip ● on sale *vs.* for sale

쇼핑 중 세일 여부를 물을 때 가장 많이 하는 실수가 on sale과 for sale의 구분입니다. 우리에게는 비슷하게 들리는 단어이기 때문에 잘못 질문해서 당황하는 경우가 종종 있습니다. 정확한 표현을 익혀 보세요.

Is this on sale? [이즈 디ㅅ 온 쎄일]	이거 세일하나요?
on sale [온 쎄일]	할인 중
for sale [포올 쎄일]	판매 중

캐나이 츄라이 디스 온
Can I try this on?

이거 입어봐도 돼요?

> try는 기본적으로 '시도하다'의 뜻이지만, 옷에 관련된 표현에는 '입어보다'의 뜻으로 쓰입니다.

이즈 데어얼 어 피링 룸 히어얼
Is there a fitting room here?

여기 탈의실이 있나요?

두 유 햅 디스 인 어 라알쥐 싸이즈
Do you have this in a large size?

이거 큰 사이즈 있나요?

잍츠 투 빅
It's too big.

너무 커요.

엿보기 단어

try [츄라이] 입어보다

fitting room [피링 룸] 탈의실

1 이거   (으로) 있나요?

Do you have this in   ?

➤ **a small size** [어 스몰 싸이즈] 작은 사이즈
a medium size [어 미디엄 싸이즈] 중간 사이즈
white [와일] 흰색
a size six [어 싸이즈 씩ㅅ] 6 사이즈
↘ 미국에서 신발 6 사이즈는 한국의 240 사이즈와 같습니다.

2 너무   .

It's too   .

➤ **tight** [타잍] 꽉 끼는
loose [루즈] 헐거운
long [롱] 긴
short [쇼올ㅌ] 짧은

3 여기   이/가 있나요?

Is there a   here?

➤ **cosmetic store** [코스메릭 스토어얼] 화장품 가게
food court [푿 코올ㅌ] 푸드코트, 식당가
duty-free shop [듀리 프뤼 샵] 면세점
gift shop [기프ㅌ 샵] 선물 가게

대화에 알맞은 문장을 보기에서 찾아 보세요.

보기

슈어얼 렡 미 고우 첵
ⓐ Sure. Let me go check.

물론이죠. 제가 체크해 보겠습니다.

왙 싸이즈 두 유 웨어얼
ⓑ What size do you wear?

무슨 사이즈를 입으세요?

오케이 렡 미 노우 이퓨 닏 애니 헬프
ⓒ Ok. Let me know if you need any help.

네. 만약 도움이 필요하면 알려주세요.

1. A : I'm looking for jeans.

    B :

2. A : Do you have this in a large size?

    B :

3. A : I'm just looking around.

    B :

정답

1 – ⓑ   2 – ⓐ   3 (그냥 구경하고 있어요.) – ⓒ

Unit 22

교환 및 결제하기

🎧 02-43

쇼핑 후 계산대에서 직원은 구매 수단이나 지급 기간 등을 물어봅니다. 구매 후에 물건이 마음에 들지 않을 경우, 교환 또는 환급을 요구할 수 있으므로 계산에 대한 다양한 표현들을 익혀 보세요.

핵심 표현

아일 페이 인 캐쉬

I'll pay in cash.

현금으로 계산할게요.

단어를 바꿔서 표현해 보세요.

- all at once [올 앹 원스] 일시불로
- with a credit card [윋 어 크레딭 카알드] 신용카드로
- in installments [인 인스톨먼츠] 할부로

단어

pay [페이] 지불하다
in [인] ~으로
cash [캐쉬] 현금

Tip ● 올바른 봉지 표현

우리가 흔히 말하는 비닐 봉지의 '비닐'은 vinyl [바이늘]로 영어 단어에 있는 표현이지만, 대표적인 콩글리시 중 하나입니다. 미국의 마트나 시장에서는 '비닐 봉지'를 plastic bag [플라스틱 백]이라고 합니다.

Can I get a plastic bag? [캐나이 겥 어 플라스틱 백]	비닐 봉지 주시겠어요?
plastic bag [플라스틱 백]	비닐 봉지
paper bag [페이퍼얼 백]	종이 가방 (쇼핑백)

아일　테익　디스
I'll take this.

이거 주세요.

캐나이　겥 어　디스카운ㅌ
Can I get a discount?

할인받을 수 있나요?

캐나이　익스췌인쥐　디스 포올 어　디퍼런ㅌ　싸이ㅈ
Can I exchange this for a different size?

이거 다른 사이즈로 교환할 수 있나요?

잍ㅊ　데미쥐ㄷ
It's damaged.

물건에 하자가 있어요.

 엿보기 단어

discount [디스카운ㅌ] 할인, 할인하다　　damaged [데미쥐ㄷ] 하자가 생긴, 손해를 입은
exchange [익스췌인쥐] 교환하다

1 _____ 주세요.

I'll take _____.

  → both of them [보ㅆ 옵 뎀] 두 개 모두, 둘 다
  this one and that one [디ㅅ 원 앤 댙 원] 이것과 저것
  this bag [디ㅅ 백] 이 가방
  the yellow one [더 옐로우 원] 저 노란색 물건

2 이거 _____ (으)로 교환할 수 있나요?

Can I exchange this for _____?

  → a different color [어 디퍼런ㅌ 컬러얼] 다른 색
  a different design [어 디퍼런ㅌ 디자인] 다른 디자인
  a new one [어 뉴 원] 새로운 것 하나
  another one [어나더얼 원] 또 다른 것

3 _____ 받을 수 있나요?

Can I get _____?

  → a refund [어 뤼펀ㄷ] 환불
  this coupon [디ㅅ 쿠폰] 이 쿠폰
  a free sample [어 프뤼 쌤플] 무료 샘플
  a paper bag [어 페이퍼얼 백] 종이 가방, 쇼핑백

보기

땡큐　　히어얼ㅈ 유어얼　뤼씹
ⓐ Thank you. Here's your receipt.

감사합니다. 여기 영수증입니다.

슈어얼　쇼　미 유어얼　뤼씹
ⓑ Sure. Show me your receipt.

물론이죠. 영수증 보여주세요.

오케이　애니띵　엘ㅅ
ⓒ Okay. Anything else?

네. 다른 필요하신 것 없나요?

1. A : I'll take this.

   B :

2. A : Can I exchange this for a different size?

   B :

3. A : I'll pay in cash.

   B :

정답

1 – ⓒ　2 – ⓑ　3 – ⓐ

콩글리시 의류 표현

미국에서 쇼핑 중 후드티를 찾아도 점원은 좀처럼 알아듣지 못합니다. 우리가 알고 있는 후드티는 hoodie[후디]라고 표현하기 때문입니다. 콩글리시로 말하거나 한국어로만 쓰이는 옷 종류를 직역화해서 그대로 말하면 당연히 어색한 표현이 되어 상대방은 이해하지 못하는 상황이 발생합니다. 자주 쓰이는 콩글리시를 정확한 의류 표현으로 익혀 보세요.

콩글리시	올바른 표현	설명
추리닝	sweatsuit [스웰숱]	운동할 때 입는 옷으로 training[츄뤠이닝]과 비슷한 발음인 추리닝이라는 콩글리시가 만들어졌습니다. sweat[스웰](땀, 땀을 내다)의 표현에서 유래했습니다.
맨투맨	sweatshirt [스웰셔얼츠]	두툼한 천으로 되어있고 라운드넥에 긴 팔 상의를 '맨투맨 셔츠'라고 부르지만, 우리나라에서만 사용하는 콩글리시입니다.
와이셔츠	dress shirt [듀뤠쓰 셔얼츠]	정장용 흰색 셔츠인 white shirt[와잍 셔얼츠]에서 와이셔츠란 표현이 만들어졌습니다.
원피스	dress [듀뤠쓰]	상의와 치마가 하나로 연결되어 있는 옷을 '원피스'라고 말하지만, '드레스'가 올바른 표현입니다. 원피스(one-piece)는 상의와 하의가 붙어있는 '수영복'을 의미합니다.
잠바	jacket [재킽]	겉옷을 부르는 말로 jumper[점퍼얼]이라는 영국식 표현에서 유래된 콩글리시입니다.
스타킹	panty hose [팬티 호우즈]	여성용 팬티스타킹을 말합니다.
니트	sweater [스웨러얼]	'(실로 옷 등을) 뜨다/짜다'의 뜻을 가진 단어인 knit[닡]에서 유래되었습니다. 털실 소재의 옷은 sweater가 올바른 표현입니다. 앞에 단추를 잠가서 입는 털실 소재의 옷은 cardigan[칼디건]이라고도 부릅니다.
목폴라	turtleneck [터틀넥]	'목폴라'는 영국식 표현인 polo neck[폴로 넥]에서 나온 콩글리시입니다. turtleneck은 목까지 올라온 옷이 거북이를 닮았다고 해서 turtle[터틀](거북이)과 neck[넥](목)이 합쳐진 이름입니다.

Tip ● 핸드백 : purse[펄스]

여자들이 들고 다니는 손가방을 우리는 흔히 '핸드백'이라고 부르지만, 핸드백은 영국에서 쓰는 표현으로 미국에서는 손가방을 purse라고 합니다.

의류 사이즈 비교

사이즈를 물어볼 때 우리는 보통 'M/L 사이즈 있나요?'라고 물어봅니다. 그러나 영어권 나라에서는 사이즈를 이야기할 때 별도의 '사이즈'라는 표현 없이 'small[스몰]/medium[미디엄]/large[라알쥐]'라고만 말합니다.

● 한국 *vs.* 미국 '옷' 사이즈

여성용 사이즈 (Women's Size)			남성용 사이즈 (Men's Size)		
사이즈	한국	미국	사이즈	한국	미국
XS	44 (85)	2	XS	85	14 (85~90)
S	55 (90)	4	S	90	15 (90~95)
M	66 (95)	6	M	95	16 (95~100)
L	77 (100)	8	L	100	16.5 (95~101)
XL	88 (105)	10	XL	105	17.5 (105~110)
XXL	99 (110)	12	XXL	110	- (110~)

● 한국 *vs.* 미국 '신발' 사이즈

여성용 사이즈 (Women's Size)		남성용 사이즈 (Men's Size)	
한국	미국	한국	미국
220	5	240	6
225	5.5	245	6.5
230	6	250	7
235	6.5	255	7.5
240	7	260	8
245	7.5	265	8.5
250	8	270	9
255	8.5	275	9.5
260	9	280	10

캐나이 츄라이 디즈 온 인 어 싸이즈 씩스
Can I try these on in a size 6?

6 사이즈 신어봐도 되나요?

위급상황 표현하기

🎧 02-45

외국은 도난 위험이 상당히 높습니다. 여권 또는 귀중품을 도난당하거나 분실했을 때 대처 표현과 방법을 미리 익히고 대비해 두는 것이 매우 중요합니다.

핵심 표현

아이 로스트   마이   패스포올트

I lost **my passport**.

내 **여권** 을 분실했어요.

단어를 바꿔서 표현해 보세요.

▫ **my camera** [마이 캐머롸] 내 카메라

▫ **my bag** [마이 백] 내 가방

▫ **my airline ticket** [마이 에어얼라인 티켙] 내 항공권

단어

lost [로스트] ~을 잃어버리다
passport [패스포올트] 여권

Tip ● 여권을 분실했을 때

여권을 분실한 경우 귀국 여부 문제가 달려있기 때문에 어떤 경우보다 당황스럽습니다. 따라서 사전에 혹시라도 있을 사고를 대비하여 '여권 복사본, 사진 2장' 등을 별도로 준비해 두는 것이 좋습니다. 여권 분실 시, 가까운 현지 경찰서를 찾아가서 'police report [폴리스 리포트]'라는 서류를 작성하고 그 서류를 가지고 가까운 '주한 대사관'에 찾아가면 재발급이 가능합니다.

여권 복사본, 사진 2장 → 경찰서(police report 서류 작성) → 서류 지참 후 '주한 대사관' 방문

캔 유 헬프 미
Can you help me?

저 좀 도와주시겠어요?

아이 레프트 마이 패스포올트 온 더 츄뤠인
I left my passport on the train.

내 여권을 열차에 두고 내렸어요.

마이 백팩 워즈 스톨른
My backpack was stolen.

배낭을 도난당했어요.

웨어얼 이즈 더 로스트 앤 파운드
Where is the lost-and-found?

분실물 보관소가 어디예요?

 엿보기 단어

left [레프트] 놓고 오다 (leave의 과거형) lost-and-found [로스트 앤 파운드] 분실물 보관소
stolen [스톨른] 도난당한

1 내 물건을 _____ 두고 내렸어요.

I left my things   .

> in the cab [인 더 캡] 택시에
> on the subway [온 더 썹웨이] 지하철에
> on the bus [온 더 버스] 버스에
> in the car [인 더 카알] 그 차에

2 _____ 을/를 도난당했어요.

was stolen.

> My wallet [마이 월릳] 내 지갑
> My credit card [마이 크레딭 카알드] 내 신용카드
> My phone [마이 폰] 내 휴대폰
> My laptop [마이 랩탑] 내 노트북

3 _____ 이/가 어디예요?

Where is   ?

> the Korean embassy [더 코뤼언 엠버씨] 한국대사관
> a police station [어 폴리쓰 스테이션] 경찰서
> a bank [어 뱅크] 은행
> a hospital [어 하스피를] 병원

보기

ⓐ 왈 워즈 인 잍
What was in it?
그 안에 무엇이 있었나요?

ⓑ 잍츠 온 더 떠얼ㄷ 플로어얼
It's on the third floor.
그것은 3층에 있습니다.

ⓒ 유 슏 비짙 더 코뤼언 엠버씨
You should visit the Korean embassy.
한국 대사관에 방문해야 합니다.

1. A : I lost my passport.

   B :

2. A : My backpack was stolen.

   B :

3. A : Where is the lost-and-found?

   B :

정답

1 – ⓒ   2 – ⓐ   3 – ⓑ

병원 및 약국 이용하기

🎧 02-47

언제 어디서든 사건 사고는 예고 없이 찾아옵니다. 여행 중 약국에 가야 하는 상황도 종종 발생하며, 치료가 필요한 상황 등 다양한 사건들이 발생합니다. 긴급 상황 시 필요한 필수 표현들을 익혀 보세요.

핵심 표현

두 유 햅 애니띵 포올 헤드에익스

Do you have anything for headaches?

두통 에 먹는 약 있나요?

단어를 바꿔서 표현해 보세요.

▫ **indigestion** [인디제스쳔] 소화불량

▫ **stomachaches** [스토메케익스] 복통

▫ **the flu** [더 플루] 독감

단어

anything [애니띵] 어떤 것
headaches [헤드에익스] 두통

Tip ● 여행자 보험 가입

사고 발생 시, 미국은 국내보다 치료 비용이 상당히 높기 때문에 해외여행자 보험은 선택이 아닌 필수입니다. 분실에서부터 사고까지 여행 중 발생하는 손해를 보상받을 수 있기 때문에 보험 가입을 적극 추천합니다.

I have traveler's insurance. [아이 햅 츄뤠블러얼ㅈ 인슈랜시]
나는 여행자 보험이 있어요.

플리즈 콜 나인원원 나우
Please call 911 now!

911을 불러주세요!

※ 911 : (경찰, 구급차 등의) 긴급 전화번호
우리나라의 119와 같습니다.

마이 헬 허얼츠
My head hurts.

머리를 다쳤어요.

아입 스프뤠인ㄷ 마이 앵클
I've sprained my ankle.

발목을 삐었어요.

캐나이 햅 썸 페인 킬러얼즈
Can I have some pain killers?

진통제 좀 주실래요?

 엿보기 단어

sprain [스프뤠인] (발목, 손목 등을) 삐다   pain killer [페인 킬러얼] 진통제
ankle [앵클] 발목

1   을/를 다쳤어요.

My   hurts.
⌐→ **back** [백] 등, 허리
  neck [넥] 목
  face [페이스] 얼굴
  arm [암] 팔

2   좀 주실래요?

Can I have some   ?
⌐→ **ointment** [오인트먼ㅌ] 연고
  band-aids [밴드 에이즈] 반창고
  digestive medicine [다이제스팁 메디슨] 소화제
  antiseptic [앤티쎕틱] 소독약

3 _____ .

I've
⌐→ **burned my hand** [번ㄷ 마이 핸ㄷ] 손에 화상을 입었다
  cut my finger [컽 마이 핑거얼] 손가락을 베었다
  broken my leg [브로큰 마이 렉] 다리가 부러졌다
  been bruised [빈 브루즈ㄷ] 타박상을 입었다

I've는 I have의 줄임 표현으로 과거에 동작이 시작해서 현재 완료가 되었을 때 사용하는 표현입니다. Have 뒤에 과거분사를 씁니다.

보기

ⓐ What happened?

무슨 일이세요?

ⓑ Let me take a look.

살펴보겠습니다.

ⓒ You should take it three times a day.

하루에 3번 드시면 됩니다.

1. A : How should I take this?

   B :

2. A : I've sprained my ankle.

   B :

3. A : Please call 911 now!

   B :

위급상황 대처하기

● **수하물 지연 시**

여행 목적지에 도착했을 때 수하물이 도착하지 않은 경우, '수하물 영수증(baggage claim tag [배기쥐 클레임 택])'을 '수하물 창구(baggage claim area [배기쥐 클레임 애리어])'에 제출하고 신고서를 작성하세요. 수하물이 다른 곳에 가 있다면 추후 승객이 있는 숙소로 다시 배송됩니다.

● **항공 운항 지연/결항 시**

기상 악화나 항공사 문제 등으로 운항이 지연 또는 결항되는 경우가 있습니다. 항공사 카운터로 가서 대체 항공을 문의하세요. 대부분의 항공사는 대체 편을 제공하며, 당일 출발이 불가능한 경우에는 호텔 숙박, 교통비, 식사, 해당 항공사의 바우처 등을 제공하기도 합니다.

● **물건을 잃어버리거나 도난당한 경우**

여행 전 해외여행자 보험에 가입해 두는 것을 추천합니다. 현지 경찰서에 잃어버린 물건을 신고하고 경찰서에서 받은 '도난 신고서'를 귀국한 뒤 보험회사에 청구하면 됩니다. 현금이 긴급하게 필요한 경우라면, 외교부의 '신속 해외 송금 서비스'를 활용할 수 있습니다. 국내에서 외교부 계좌로 입금하여 1회당 미화 3,000달러까지 받을 수 있습니다.

● **교통사고 발생 시**

영사 콜센터에 전화하면 사고 상황을 설명한 후 사고 처리 방법에 대해 안내를 받을 수 있습니다. 미리 현장 사진을 촬영해 두고 메모 및 목격자 등 증거가 될 수 있는 것을 확보해 두는 것이 좋습니다. 여행자 보험 콜센터에는 사고 상황을 알리고 필요하다면 의료지원도 받을 수 있습니다.

＊ 영사 콜센터 : 서울, 24시간 +82-2-3210-0404

● **병원 진료 시**

보험 처리가 가능하도록, 여행자 보험 콜센터에 전화해서 지정된 병원이 있는지를 확인해 보세요. 진료 후에는 '의사 소견서'와 '영수증'을 꼭 챙겨야 보험 처리를 받을 수 있습니다. 의사소통이 어려운 경우, '파파고'와 같이 한국어를 영어로 번역해 주는 스마트폰 앱을 활용하거나 외교부의 영사 콜센터에 전화해서 통역 서비스를 받을 수도 있습니다.

약국, 병원에서 증상 설명하기

Pharmacy와 drugstore은 둘 다 뜻이 '약국'이지만, 의미상의 차이가 있습니다. 일반적으로 우리가 알고 있는 의사의 처방전(prescription[프리스크맆션])을 들고 약을 받으러 가는 곳은 pharmacy입니다. 처방전 없이도 살 수 있는 약은 over-the-counter medication[오버얼 더 카운터얼 메디케이션]이라고 합니다.

- Drugstore[드럭스토어얼]　　　: 의약품 및 생필품을 파는 상점
- Pharmacy[파머씨]　　　　　　: 약물과 의약품을 조제하는 곳 → 약국

● 증상 설명하기

I have a runny nose. [아이 해버 러니 노우즈]	콧물이 계속 흘러요.
I feel chilly. [아이 필 췰리]	몸이 으슬으슬 추워요.
My eyes feel itchy. [마이 아이즈 필 잍취]	눈이 가려워요.
I keep on sneezing. [아이 킾 온 스니징]	재채기가 계속 나와요.
My throat is swollen. [마이 뜨로웉 이즈 스월른]	목이 부었어요.
I have diarrhea. [아이 햅 다이어리아]	설사를 해요.
I think I have food poisoning. [아이 띵ㅋ 아이 햅 풋 포이즈닝]	식중독 증상이 있는 것 같아요.
My tooth is killing me. [마이 투쓰 이즈 킬링 미]	이가 너무 아파요.
I scraped my knees. [아이 스크레잎ㅌ 마이 니즈]	무릎이 까졌어요.
I have a rash. [아이 해버 래쉬]	발진이 생겼어요.

 대화문 만들기 : 다양한 증상을 말해 보세요.

　　　하우　더즈　잍 허얼트
A : **How does it hurt?**　　어떻게 아프세요?

B :